在宅介護応援ブック

介護Library

いざという時の
介護施設選びQ&A

三好春樹
編集協力　東田 勉

講談社

いざという時の
介護施設選びQ＆A

はじめに　在宅介護を続けるための施設選び

この本は「在宅介護応援ブック」というシリーズの一冊です。それなのに、なぜ「施設選び」なのか、と思われる方もいることでしょう。

まず、本のタイトルが『いざという時の介護施設選びQ＆A』であるように、何らかの理由で在宅介護が難しくなった「いざという時」に役立つ本であることに間違いはありません。

でも、本書の目的はそれだけではありません。むしろ、住み慣れた在宅での介護を支えるためにこそ役立つ本だと考えています。

まず、在宅介護を続けていくためには、ショートステイを定期的に利用することは不可欠です。ショートステイを使っている間、介護する家族は心身を休ませることができますし、要介護の高齢者には、生活空間や人間関係を広げ、生活に刺激と彩りをもたらすことにもなります。

しかし、そのショートステイ先を間違えると大変です。「ショートステイに1週間行って帰ってきたら床ずれができていた」「表情がなくなって帰ってきた」「施設の近くを通ったので訪ねてみたら両手を縛られていた」なんて体験をした介護家族は少なくないのです。

介護に関わってきた私たちにとっては恥ずかしい話ですが、残念ながらそんな介護施設は珍しくありません。

そんなショートステイでは在宅介護の応援になっていません。むしろショートステイを利用することで高齢者の要介護度を高めてしまい、在宅介護を断念させることにもなりかねません。さらにそうした施設ほど、ベッドが空くと、まだ在宅で生活できる人を入所させたがるのですから、なおさら困ったことです。

ショートステイだけでなく、デイサービスやデイケアの利用も、在宅介護を長続きさせるためには不可欠です。これらは、老化や障がいによって失いかけた人間関係や役割、ひいては高齢者のアイデンティティを確認するための場なのです。しかしそのデイサービスやデイケアで、逆にプライドを傷つけられるとしたら、高齢者は生きる意欲を失ってしまうでしょう。これまた在宅介護を困難にさせてしまいます。

では、在宅介護を続けるために「いいショートステイ」「いいデイサービス、デイケア」を選ぶには何を目安にすればいいでしょう。

有料老人ホームの場合には、よく週刊誌や月刊誌がランキングを発表したりしています。でも、これらはいずれも、建物や設備、それに費用についての評価で、ケアの中身について判定したものは一つもありません。

介護家族がよく利用する介護保険の施設については、行政が主導した第三者評価のデータがあります。しかしこれも、一人あたりの面積とかいった形式的評価ばかりで、いいケアかどうかというもっとも大切なことはわかりません。

それも無理はありません。何がいい介護なのかというのはとても難しい問題です。データに表せるものではありませんし、なにより、一人ひとりの人生観や人間観によって大きく違ってくるのです。だから、そこまで踏み込んで、いい施設を見分ける方法を示した本は今までなかったと言っていいでしょう。

私は、本書でそれを示したいと思いました。多くの医療、介護現場を取材してこられた東田勉さんの知見と、介護職になって以来40年になる私の体験が重なることで、この本はどこにもなかったものになりました。

人生観や人間観が反映せざるをえない「よい介護施設選び」については、特養から始めて、通所、訪問をとおして在宅介護に関わり続けてきた私の、いささか独断的な見方を基準としました。もちろん異論、反論があって当然です。なにしろ人生観の数だけ介護観もあるのですから。

皆さんに「いざという時」がやってこないことを願っています。でも、もしそうなったら、入所した施設を家庭と同じような生活の場に変える「施設の在宅化」をやってしまいましょうね。

三好春樹

『いざという時の介護施設選びQ&A』目次

第3章 入所以外の利用ができる施設でのサービス

第4章 いいケアをしている介護施設の探し方

本文ＤＴＰ／長橋誓子

第1章
介護施設の基礎知識

Q1

介護施設というのはどういうものですか。

50歳のサラリーマンです。先日親戚の法事があり、妻と出席しました。そこで従弟《いとこ》たちと語り合ったのですが、老親と今後どう暮らすかについて、みんな悩んでいました。

私の実家では、80代の父親が現在入院中です。やがて退院してきますが、母親（70代後半）は脚が悪く、父親の介護ができるとは思えません。そのことについて従弟や叔父叔母に相談すると、「施設入所も選択肢に入れたらどうか」という意見でした。

介護施設には、どんな種類があるのでしょうか。

A

よく施設入所という言葉を耳にしますが、**介護保険制度上で施設入所という言葉は、ごく狭い意味で用いられます。**

それは、3種類しかない「介護保険施設」への入所を意味することになるのです。

ただし、質問の趣旨をよく考えてみると、相談者がイメージしている「介護施設」はかなり広範なものなのでしょう。ここでは、高齢者向け住宅を含むあらゆる住み替えをご紹介します。

というのも、日本では在宅生活（一軒家での独居や老老介護）が不可能になると、一足飛びに介護施設や病院へ目が向きがちです。欧州の先進国では早めに一軒家から高齢者向け住宅に住み替えて、通いの介護サービスを受けます。**住まいをコンパクトにしたほうが在宅生活をぎりぎりまで継続できるので、施設に限定せず広い視点で住まい選びを考えたいものです。**

◇お年寄りの住まいと介護保険との関係

お年寄りの住まい選びを考えるとき、避けて通れないのが介護保険制度です。在宅であれ施設であれ、そこで介護保険サービスが使えるかどうかを知っておくと、選択に大いに役立ちます。

介護保険サービスは、65歳以上（40～64歳で特定疾病がある人を含む）で要介護認定を受け、要支援1か2（介護予防サービスが受けられる）、要介護1～5（介護サービスが受けられる）にならなければ利用できません。認定を受けると、左図のように住まいの選択肢が広がるのです。

選択肢

介護保険サービスを使って
在宅で暮らす

家で受けられるサービス

- ケアプラン作成
- 訪問介護
- 訪問看護
- 訪問入浴介護
- 訪問リハビリテーション
- 居宅療養管理指導
- 福祉用具貸与
  〔要介護1以下の人は
  レンタル品目の制限あり〕
- 特定福祉用具販売
- 住宅改修　など

施設へ出かけて受けるサービス

- **通所介護**（デイサービス／デイケア）→ 104～115頁
- **ショートステイ**（短期入所生活介護／短期入所療養介護）→ 116～125頁
- ※**小規模多機能型居宅介護** → 126～135頁

高齢者の住まいの

介護を受けやすいように 住み替える

- **そのほかの高齢者向け住宅（ケアハウスなど）**：介護保険制度とは無関係 → 21頁
- **サービス付き高齢者向け住宅（サ高住）**：介護は外部サービスを利用するのが一般的 → 92～101頁
- **有料老人ホーム（健康型／住宅型／介護付き）**：介護を受けられるかどうかはタイプによって異なる → 80～91頁
- **※グループホーム（認知症対応型共同生活介護）**：要支援2以上の人 → 70～79頁

介護保険施設へ 入所する

- **介護療養型医療施設（療養病床）**：要介護1以上の人 → 62～69頁
- **介護老人保健施設（老健）**：要介護1以上の人 → 50～61頁
- **特別養護老人ホーム（特養）**：要介護1以上の人 2015年度からの入所は要介護3以上 → 38～49頁

※印はその市区町村に住む人しか受けられない地域密着型サービスです

◇介護保険施設は3種類

介護保険は、介護サービスの種類を居宅サービス、地域密着型サービス、施設サービス、その他のサービスに分けています。その中で、施設サービスは3種類しかありません。特別養護老人ホーム、介護老人保健施設、介護療養型医療施設への入所です。本書では、それぞれ特養、老健、介護療養病床と略します。

この3施設の違いを簡単に言うと、**特養は福祉系、介護療養病床は医療系、老健は両者の中間系**だということです。そのため、医療スタッフや介護スタッフの配置基準が違います。逆に**共通していることは、要介護の人しか申しこめないことと、全国どこの介護保険施設にも申しこみができること**です。

しかし、近場は待機者が多いからといって、面会に行けない遠隔地に申しこむのは避けましょう。

介護保険制度上の施設
医療系
介護療養型医療施設
(介護療養病床)
2018年3月末日
での廃止が決定
中間系
介護老人保健施設
(老健)
医療と介護の中間で
両方の役割を担う
福祉系
特別養護老人ホーム
(特養)
介護保険上の名称は
介護老人福祉施設

相談者の場合、お父様が間もなく退院してこられるということですから、急性期の病院か回復期の病院に入院されているのでしょうか。もう、要介護認定は受けていらっしゃいますか。まだであれば、入院中に受けておくことが必要です。

下に、入院から施設へ至る流れを図示しました。ここには自宅が抜けていますが、日本もヨーロッパのように在宅サービスが充実していれば、どの地点からでも自宅に戻れるのです。しかし、現実には独居や老人だけの世帯が多いために、なかなか自宅に戻れない人が出てきます。**問題は、病院をたらい回しにされると、寝たきりになってしまうことです。**

それを避けるには、入院をできるだけ早く切り上げなければなりません。自宅に介護力がないからといって、病院や老健に長く置かず、早く在宅生活へ戻す必要があります。

入院から施設に至る流れ

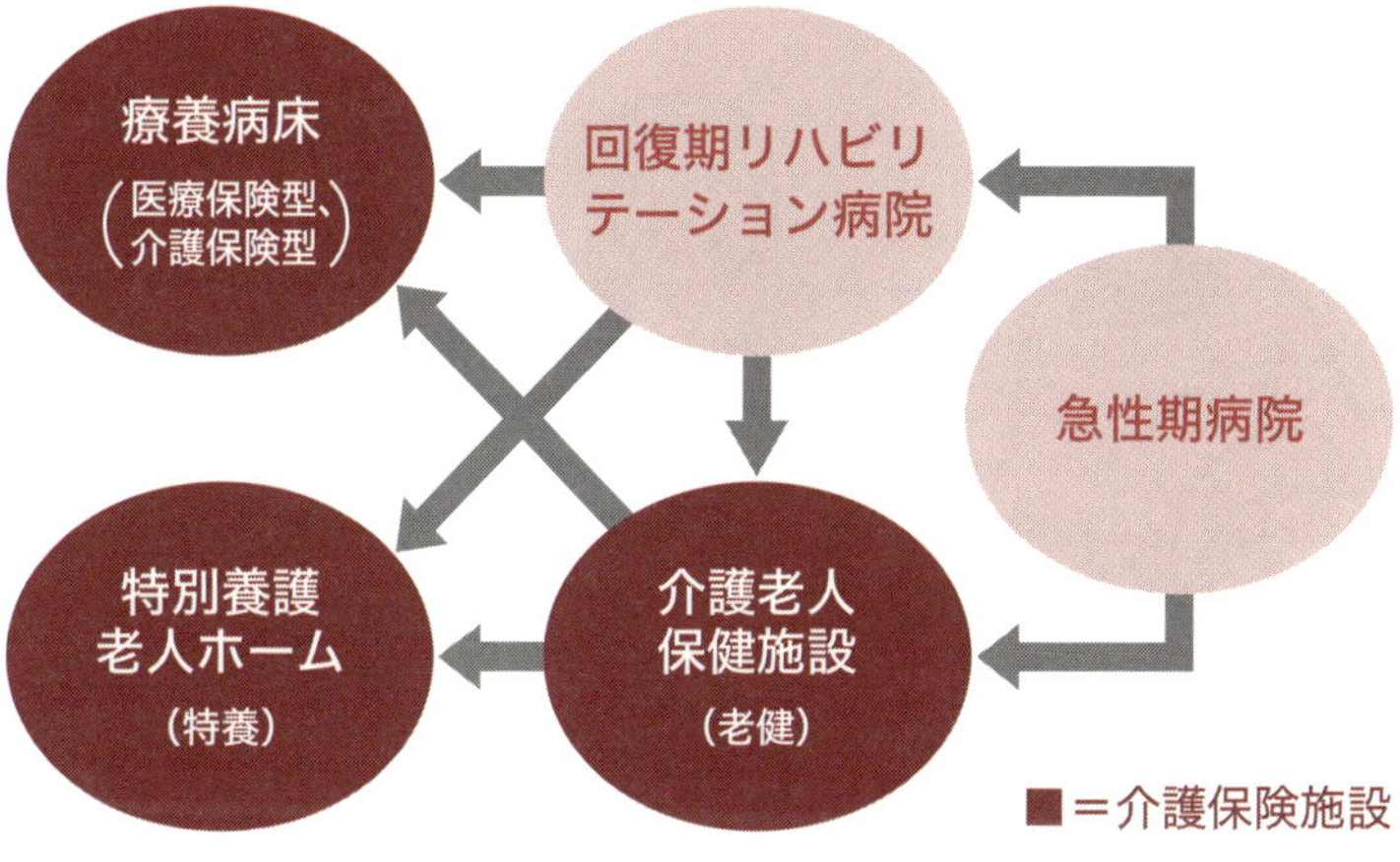

◇施設で受けられるサービス

施設は、入所するだけの場所ではありません。自宅から通って受けられるサービスもあります。**代表的なものは、特養などで受けられる通所介護（デイサービス）と短期入所生活介護（ショートステイ）、老健などで受けられる通所リハビリテーション（デイケア）と短期入所療養介護（ショートステイ）です。**

相談者のお父様は現在入院中ですから、これらのサービスを使うことはできませんが、デイとショートの存在はぜひ知っておいてください。在宅から施設入所を検討する場合、入所を決める前にその施設のデイかショートを試してみるのが上策です。**特にショートステイはお試し入所のようなものですから、施設の良し悪しや本人との相性がよくわかります。**

詳しくは第3章のQ16〜Q19をご覧ください。

◎地域密着型サービス

地域密着型サービスとは、その地域（市区町村）に住んでいる人しか受けられないサービスです。近年、地域密着型の種類が増えてきてわかりにくいのですが、**グループホームと小規模多機能型居宅介護だけは知っておく必要があります。**

グループホームの正式名称は、認知症対応型共同生活介護です。相談者の場合、お父様が認知症と診断されているかどうか不明ですが、もし認知症であれば、**在宅を継続できない場合の選択肢となります。**詳しくは、第2章のQ10、Q11をご覧ください。

小規模多機能型居宅介護は、通いと訪問と泊まりを一体的に提供するサービスです。もし在宅を継続したいのであれば、**登録すると在宅介護の可能性が飛躍的に高まります**（第3章のQ20、Q21参照）。

◇有料老人ホームと「サ高住」

一般的に介護施設または高齢者の終《つい》の棲家《すみか》といえば、誰もが真っ先にイメージするのは有料老人ホームでしょう。介護付きの有料老人ホームは、介護保険制度では特定施設入居者生活介護と呼ばれています。詳しくは第2章のQ12、Q13をご覧ください。

サ高住というのは、サービス付き高齢者向け住宅の略称です。これは基本的には介護保険サービスではなく一般マンションまたはアパートなのですが、近年新たな高齢者の住まいとして注目を集め、建設ラッシュが続いているので独立した項目として扱います（第2章のQ14、Q15参照）。

本書ではこのように、介護保険施設ではない高齢者用の住まいも解説します。それは、選択肢を少しでも多くしておきたいという思いからです。

そのほかの高齢者向け住宅

軽費老人ホーム

60歳以上の人で何らかの事情があり、家族と同居できないか居宅で生活できない人のための住まいです。一部、所得制限があります。

居室は狭いが食事が提供されるA型、調理設備が付いていて自炊するB型がありますが、近年はケアハウスへ一元化されています。

ケアハウス

軽費老人ホームの一種です。60歳以上で自炊ができない程度に身体機能が低下し、独居に不安がある人が対象となります。所得制限はありませんが、家族による援助を受けられないことが条件です。

自治体が買い上げ、民間に運営委託する新型ケアハウスもあります。

養護老人ホーム

身体、精神、環境、経済上の理由などで在宅生活ができない65歳以上の人が対象となります。居室は数人の相部屋です。近年新築されないため、多くは老朽化しつつあります。

特徴は介護保険法に関係なく、困っている高齢者を行政の判断で入所させられることです。

生活支援ハウス

一時的に自宅での生活が困難になった60歳以上（自治体によっては65歳以上）の人または夫婦が、自立できるまでの3～6ヵ月間利用できる安価な賃貸住宅です。

窓口は市役所など、運営はおもに社会福祉法人で、ハウス内に交流機能があることが特徴と言えます。

シルバーハウジング

60歳以上の人や障害者向けの公共賃貸住宅です。地方公共団体や都市再生機構などが提供しています。

安否確認や緊急通報システムが付いたバリアフリー住宅なので、高齢になっても安心です。地域支援事業で、生活援助員（ライフサポートアドバイザー）が配置されます。

グループリビング

高齢者同士が共同生活をしながら支え合うしくみで、2005年までは国庫補助事業でした。

対象は同一家屋内で共同生活を望んでいるおおむね60歳以上の人で、5～9人がグループで暮らします。

現在の実施状況は、自治体によって異なるため、確認が必要です。

Q2

個室が優れているというのは本当ですか。

60代の主婦です。私の両親は他界したのですが、隣県に住む伯母の施設入居について、従姉《いとこ》から相談がありました。

持病が多く、以前から一日の大半をベッドで過ごしている伯母は、最近認知症が深くなり、要介護4になったそうです。市内にある複数の特養に申しこんでいますが、見学して回った従姉は、施設によってまったく様子が異なっていたと話していました。

いちばんの違いは、4人部屋と個室の違いです。どちらがいいと思うか聞かれたのですが、個室と答えていいでしょうか。

A

個室を好むのは、団塊世代以降の人です。戦前の家屋で育った人は、多床室のほうが落ち着くことがあります。

相談者の従姉の方は、従来型の多床室とユニット型個室、それぞれの特養を見学したのだと思われます。相談というのは、「多床室しかない特養への申しこみは取り下げようと思うが、どうだろうか」という内容だったのではありませんか。

従姉の方がそう思うのも、無理はありません。建物が老朽化している特養に多床室が多く、比較的新しい特養に個室が多いからです。国は2002年度以降、ユニット型の新型特養の建設を推進しています。

伯母様は認知症だそうですが、本人が「個室に入りたい」と言ったわけではありませんよね。**私は、認知症ケアには多床室が向いていると思います。申しこみを取り下げるのは、もったいないですよ。**

◇おもな居室のタイプ

介護施設の居室は、おおまかに分けて多床室、従来型個室、ユニット型個室の3タイプがあります。それに伴って、居室と共有スペースの関係も変化します。

昔の特養は、50床、100床といった大型施設でも大食堂が一つあるだけで、居室から食堂（あるいは浴室）までの移動が大変でした。普及しつつあるユニット型のように、リビングや食堂や浴室が居室の近くにあるのはいいことです。

しかし、**「全室個室でなければならない」という近年の押しつけはどうかと思います。施設を選ぶ人は、居室の形態よりもケアの中身を見なければなりません。**

多床室

居室は1部屋2～4人の相部屋で、従来型の特養や病院（医療系施設）に多いタイプです。共有スペースには、食堂、浴室、談話室、機能訓練室などが配置されています。居住費は3タイプの中でいちばん安い設定でしたが、2015年4月からやや値上げされることになりました。

多床室

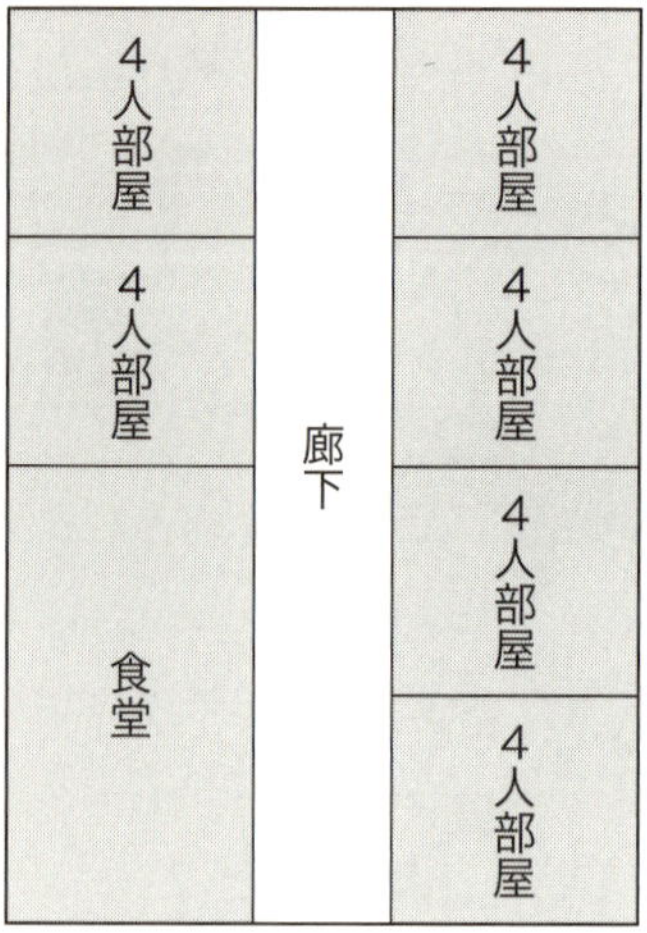
4人部屋
4人部屋
4人部屋
4人部屋
廊下
4人部屋
4人部屋
食堂

従来型個室

居室は個室ですが、ユニットケア（10人程度の単位で生活すること）を行っていないタイプです。食堂、浴室、談話室、機能訓練室などは、ユニット単位ではなく大勢で使います。トイレと洗面所は、個室内にあるか共有です。施設サービス費は安く、居住費は3タイプの中間になります。

従来型個室

食堂		
個室		個室
個室		個室
個室	廊下	個室
個室		個室
個室		個室

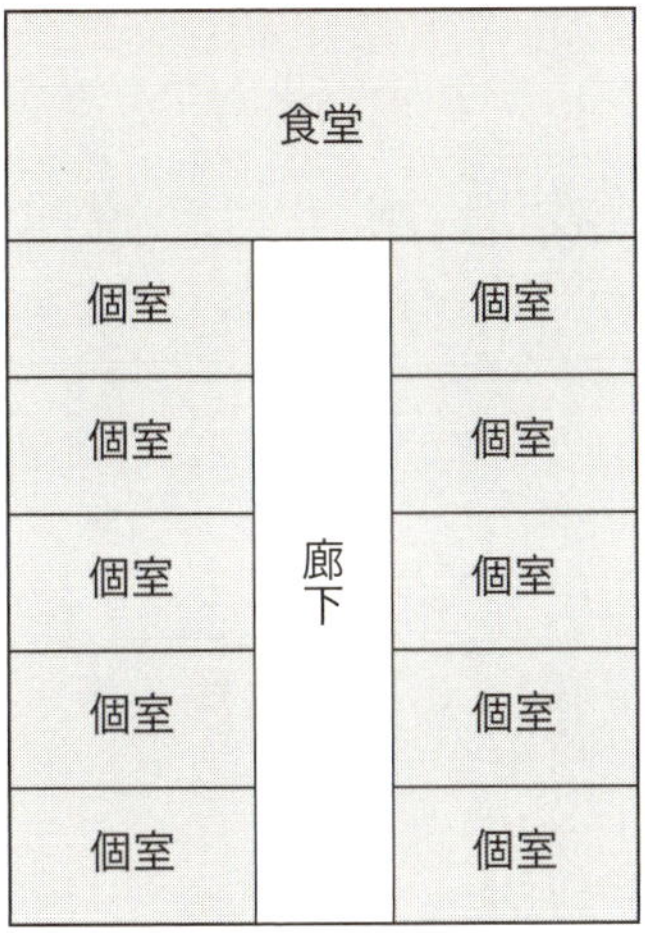

ユニット型個室

食堂、リビング、キッチン、配膳スペース、浴室などからなる共有スペースを中心に、10人程度の個室を一つの生活単位（ユニット）とします。トイレと洗面所は、個室内にあるか共有です。居室の壁が間仕切りでつくられ、天井との間に隙間があるタイプをユニット型準個室と呼びます。

ユニット型個室

個室	個室	個室
個室	共有スペース	個室
個室		個室
個室	個室	個室

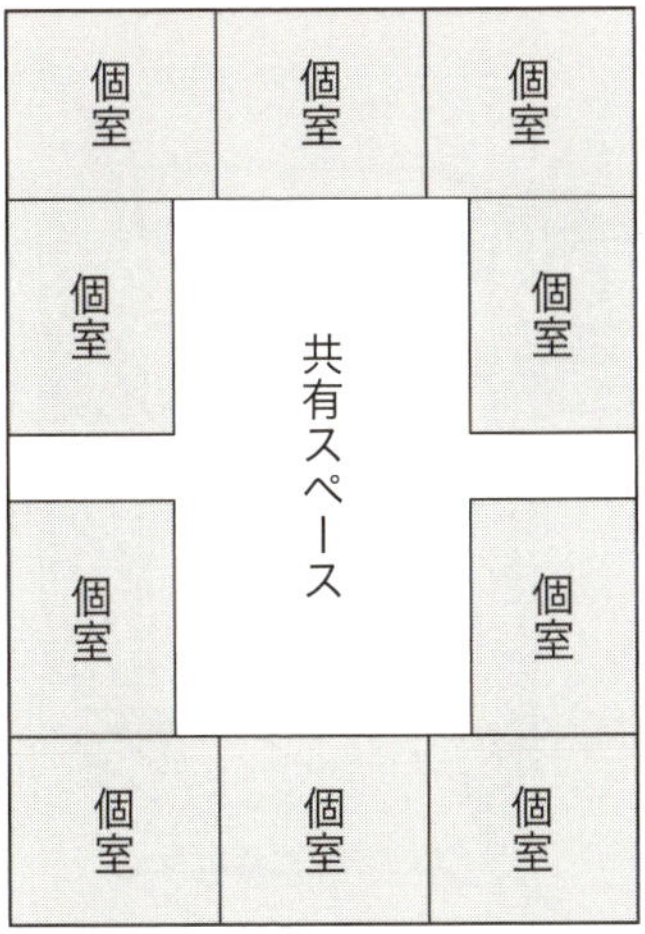

◇ユニットケアの問題点

ユニットケアというのは、お年寄りを10人程度に分けて、同じ職員たちが家庭的な雰囲気でケアしようという方法論です。国は経営者がユニットケアをつくりやすいようにと、職員の配置基準を少なくしました。利用者が10人の場合介護職は4人ですが、夜勤や夜勤明け、休日があるので、日中は利用者10人に対して介護職が一人しかいない場合も珍しくありません。

また、**少人数のために管理的になり、人間関係が煮詰まりがちで、相性の悪いお年寄りと職員が角突《つの》き合わせるといった問題も出てきます。**

ここには、「少人数だといいケアができる」という思い込みから生まれた幻想があります。少人数だと、苦手な職員や利用者から逃げることができないので、お年寄りが個室にこもらない工夫が必要です。

◇多床室のほうが認知症ケアに向いている

近年、介護施設は国によって「全室個室」が押しつけられています。これは、推進している人たちが「自分たちは個室に入りたいから」そう決めただけで、ふすまや障子で区切られた「人の気配がする」環境に慣れたお年寄りのニーズを無視した施策です。

認知症のお年寄りは、閉じこめるとよくありません。個室でテレビばかり見ていると、かえって認知症やうつ病が深くなってしまいます。

私は、個室を否定しているわけではなく、個室の「強制」を否定しているのです。**お年寄りの中には個室で落ち着く人もいますし、大部屋で落ち着く人もいます。また、ふすまや障子で区切られているくらいがちょうどいい人もいるでしょう。本人の性格や状態を考えて、臨機応変に対応する必要があります。**

Q3

介護施設は見学させてもらえますか。

最近同居を始めた義母（85歳、要介護3）の認知症が深くなり、私に暴力を振るうようになりました。夫と相談して特養に申しこもうと考えていますが、特養は見学させてもらえますか。

特養に限らず、グループホームや有料老人ホームなどの入居施設は、どこでも自由に見学できるものなのでしょうか。

また、見学前に準備しておかなければならないことや、当日はどうしたらいいかも教えてください。

A

見学を断る介護施設は、利用しないほうがいいでしょう。見学を申しこんだときの対応で、施設の良し悪しがわかります。

本書の第4章では、介護施設を選ぶポイントを紹介していますが、その中で見学への対応ぶりから介護施設の良し悪しを見分ける方法を紹介しているのが第4章のQ29です。詳しくはそこを読んでいただくとして、**ここでは見学を前提に、どんな準備が必要かを考えてみましょう。**

まず大切なことは、施設入所が本人（相談者の場合はお義母様《かあ》）にとっていいことかどうかを、しっかり考えてあげることです。本人と話し合える状態であれば話し合い、そうでなければ親戚やケアマネジャーを含む関係者に十分相談しましょう。

できれば、相性を見るために本人を見学に連れて行ったり、お試し利用をするのが理想的です。

◇見学前にしておきたいこと

施設入所の方向でみんなの意思が一致したら、情報集めに入ります。

ここで大切なことは、本人の条件をしっかり確認しておくことです。身体状況はどうか、どのような場面で介助が必要か、慢性疾患はあるか、生育歴や性格や好みからどのような生活を望んでいるか、どの程度の費用に抑えたいか、持って行きたい荷物はどれくらいあるか、などを書き出しましょう。これらのことは、どこに入所するにしても施設側から聞かれることなので、メモしておくと便利です。

次に、本人と家族が、施設に求めたいことを書き出しましょう。施設に閉じこめず外出させてくれるか、医療との連携はとれているか、通院の付き添いはしてくれるか、入院しても戻ってこられるか、重度になっても介護してもらえるか（施設側でできなくても、家族のサポートがあれば可能になるか）などです。

施設選びとは、このように本人のニーズと施設の方針とのマッチングです。資料やパンフレットを取り寄せたり、ホームページをチェックしたりすることも立派な情報収集ですが、ここに書き出したようなことは書いてありません。

なお、左頁に全国一律の介護情報公表サイトを紹介するので参考にしてください。

介護サービス情報公表システム

どんな内容が見られるのか

- 名称、住所、地図、エリア、営業時間などの事業所概要
- サービス内容、どのような加算をとっているか※
- 運営状況（平均的事業所と比較できるレーダーチャート）
- 従業員数、利用者数
- 事業所の特色（これは事業所の責任で公表している部分）

直接アクセスするには
http://www.kaigokensaku.jp/

どうしたら見られるのか

検索サイトで「介護事業所検索」と入力して検索します。「介護サービス情報公表システム」というサイトを探してアクセスします。この画面が出たら、画面をクリックしながら希望する事業所を探します

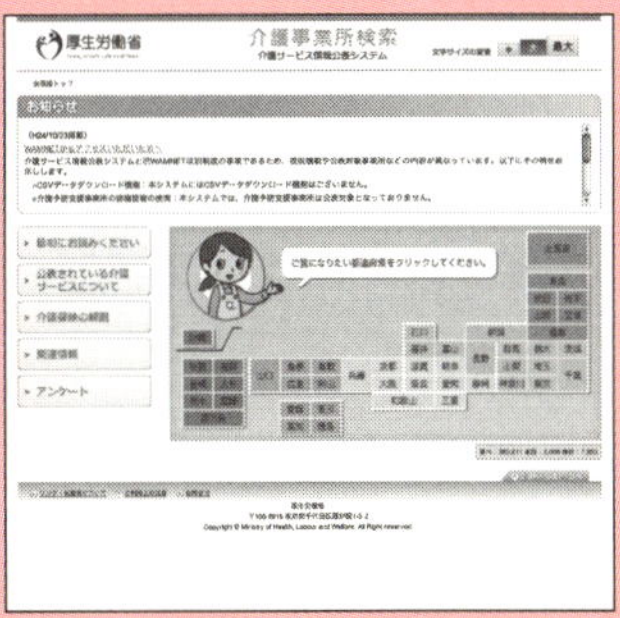

※加算とは、事業所の体制やサービス内容を手厚くすると上乗せされる報酬のこと

◇施設を選ぶときのチェックポイント

情報を集めたら、数ヵ所を選んで見学します。日時の予約を入れて、時間どおりに訪問しましょう。

下に掲げたのは、事前に調べておくか最初に確認したい項目です。**基本的なことなので、これらが不明確なまま見学して、見学自体が無駄にならないように気をつけましょう。なお、入所を急ぐのであれば、空き具合（満室の場合は、待機者の数と入所までの見通し）を事前に聞いておくことが必要です。**

当日は、カメラ、巻尺、ノートと筆記用具、本人の条件と質問事項を書いたメモを持参します。

できれば、施設周辺の環境や最寄り駅からのアクセスを実際に確かめてみるための時間がとれれば理想的です。近くのお店で昼食をとるか駅からタクシーを使えば、地元の人の口コミが聞けるかもしれません。

最初に確認したい基本情報

- □ 自宅から通える距離にあるか
- □ オプションを含む料金の内訳および加算の種類
- □ 職員の資格・経験年数・定着率はどうか
- □ 認知症が深くなった場合はどうなるか
- □ 食べられなくなった人にはどう対応しているか
- □ 最期の看取りまでしてもらえるのか
- □ 生活相談や苦情受付の窓口があるか
- □ キャンセルについての規定はどうなっているか

次に、施設の中を見学させてもらうときのチェック項目を下に掲げました。

この中で「リビングルームや共有スペースの利用者が多いか」という項目は、入所者が日中居室にこもっていないかどうかをチェックする項目です。

また、同じような意味でその日出勤している介護職の人数も聞いてみましょう。リビングや廊下に介護職の姿が見えない施設は、ナースコールで呼ばれて居室に入っている介護職が多い場合があります。日中居室にこもって、そこからひっきりなしに呼ばれているのはあまりいい兆候ではないので、十分な観察が必要です。

そのほかケアの良し悪しについては、第4章のQ22〜Q31で詳しく紹介します。**こちらから見学時間を選べるなら、昼食時間を聞いて食事風景を見学させてもらいましょう。予約して実費を支払い、入所者と同じものを食べさせてもらうのもいい方法です。**

見学したときにチェックしたい項目

- □ 利用者の表情が明るく、見学に慣れているか
- □ 清潔感があり、整理整頓がなされているか
- □ 地域との交流があり、ボランティアが出入りしているか
- □ リビングルームや共有スペースの利用者が多いか
- □ 車イスのままで1日をすごさず、椅子に移乗しているか
- □ 食べこぼし用のエプロンを着けて食事する人は少ないか
- □ 立ったままで食事介助をしている職員はいないか
- □ 自力で歩いている入所者は、オムツを外されているか

『あんしん　なっとく　高齢者向け住宅の選び方』（東京都／2013年版）をもとに作成

	前払金	月額費用（都内の目安）	月額費用の差が出る理由
	不要	約5万円～15万円	居住費は居室のタイプによって大きく異なる（多床室は約1万円～ユニット型個室は約6万円、従来型個室とユニット型準個室はその中間）。食費は約4万2000円。居住費と食費は、所得段階に応じた減免措置が受けられる。介護費用は要介護度によって異なる（2万円弱～約3万6000円）
		約6万円～16万円	
		約7万円～17万円	
	ホームによる	約12万円～18万円	ホームの定めた利用料プラス介護費用（要介護度によって異なる）
	0円～1億円を超えるものまで幅広い	約10万円～30万円	場所、建物のグレード、部屋の広さ、設備、常駐スタッフの数などによって月額費用（居住費、食費、その他サービス費の合計）が異なる。介護付きおよび住宅型で外部サービスを利用した場合は、介護費用（要介護度によって異なる）がかかる
	0円～数百万円	約7万円～15万円	一般（自立）型は安めの料金設定に、介護（特定施設）型は高めの料金設定になる
	敷金	（家賃）約5万円～25万円	場所や設備の違い（オーナーの定めた金額による）
	敷金（都営住宅の場合家賃の2ヵ月分）	（家賃）約1万円～13万円	供給主体（地方公共団体、都市再生機構、住宅供給公社）の定める家賃の違い

月額費用の目安

区分	くくり	名称	生活支援サービス	介護保険サービス
施設系	介護保険制度上の施設サービス	特別養護老人ホーム	あり	施設スタッフによりサービス提供
		介護老人保健施設	あり	
		介護療養型医療施設（2018年3月末日をもって廃止決定）	あり	
	介護保険制度上の地域密着型サービス	グループホーム	あり	施設スタッフによりサービス提供
	有料老人ホーム	健康型有料老人ホーム	あり	なし
		住宅型有料老人ホーム	あり	外部のサービスを利用
		介護付き有料老人ホーム	あり	施設スタッフによりサービス提供
	自治体の助成を受けた福祉施設	軽費老人ホーム（ケアハウス）	あり	外部のサービスを利用（特定施設の場合は施設スタッフの介護）
住宅系	賃貸住宅	サービス付き高齢者向け住宅	あり	外部のサービスを利用（特定施設の場合は施設スタッフの介護）
	公的賃貸住宅	シルバーハウジング（シルバーピア）	なし	外部のサービスを利用

コラム❶ データより五感で選ぼう

介護家族や一般の市民から私に寄せられる質問で最も多いのが「いい施設を見分けるにはどうしたらいいでしょう?」というものです。

ショートステイやデイサービスを使うときもですが、入所するとなると一生の問題ですから真剣に考えざるをえないでしょう。

私は施設に実際に行ってみることをおすすめしています。新聞やタウン誌に載っている施設の宣伝文句、あるいは「第三者評価」による点数よりも、自分の目や耳、いや五感全部で感じとることのほうが確かだと思うからです。

私は、いい介護をしているかどうかは、その施設の雰囲気でわかるようになりました。雰囲気なんて曖昧《あいまい》なことを言われても、と思われるのは当然です。

そこで、本書では第4章を中心に、いい施設を見分ける具体的なポイントを示しています。ぜひ、これらを頭に入れて、できればメモを持って施設を訪問してほしいと思います。

決める前には、できるだけ多くの施設に行ってみてください。「地域密着型」以外の施設は日本全国どこでも利用できるのですから、旅行を兼ねて行くのもいいでしょう。

多くの施設を見学してみると、そのうち、雰囲気だけで、いいか悪いかがわかってきます。同じ介護保険で運営している施設でも、何かが違うのです。

プライドが高く、見栄を張りたい人は、豪華な建物や設備で選ぶかもしれません。でも大事なのは、「あぁ、ここなら落ち着くなぁ」と自分が感じられることです。居心地がよくて、気が付くと長時間滞在していたなんて施設なら有望です。

第2章 それぞれの介護施設の特徴

Q4

特養というのはどんな施設ですか。

虚弱になった88歳の母親を在宅で介護するのが難しくなってきたため、いい施設はないだろうかと家族で話しているところです。親戚にその話をしたところ、「特養がいい」と言われました。息子に調べてもらいましたが、「特別養護老人ホーム」という呼び名や、「介護老人福祉施設」という呼び名があり、よくわからないようです。

昔の「養老院」のようなところでなければいいのですが、どんな施設なのか教えてください。

A

養老院は養護老人ホームへと変わり、その後できた「介護もしてくれる」養護老人ホームが特別養護老人ホームです。

したがって、昔の養老院のイメージとは大きく変わりました。ちなみに、お住まいの近くで新設された特養を見学なさると、広くて明るく清潔なイメージにきっと驚かれることでしょう。

名称は、質問にあるように2つあり、介護保険法上は「介護老人福祉施設」と呼ばれます。日常生活に常時介護が必要で、自宅では生活が困難なお年寄りが入居する施設です。

同じ施設が、老人福祉法上は「特別養護老人ホーム」とも呼ばれます。こちらは、保護が必要なお年寄りを、行政が措置制度で入所させる施設です。

本書は、措置ではなく介護保険の話が中心になりますが、わかりやすくするために特養と呼びます。

介護老人福祉施設
大部分の人は介護保険の利用で入所
ごく一部の人は措置制度によって入所
特別養護老人ホーム

特養は、生活の場です。入所者は自分の家として、最期までここで暮らせます

◇自分の家として暮らせる「生活の場」

特養に入所すると、私物の持ちこみはやや制限されるものの、入所者は自分の家のように自由に暮らせます。**年をとっても要介護度が高くなっても、食事、排泄、入浴を始め日常生活全般で手厚い世話を受けられるので、暮らせなくなる心配はありません。**しかも介護施設の中では比較的割安なので、45頁で述べるように待機者が多く、なかなか入れないのが実情です。

介護保険を使って特養に入所するには、65歳以上で要介護1～5の認定を受けていなければなりません。全国の特養に自由に申しこめますが（併願可）、2015年度から要介護3以上に絞るよう介護保険法が改正されました。

困っている人が優先される施設です。

新設はユニット型個室が増えていますが、
従来型の多床室も数多く残っています

◇タイプによって利用料金が異なる

特養には、いくつかタイプがあります。

まず規模の面で言うと、100床以上の大きな特養がある一方で、29床以下の小規模なものがあります。小規模なものは「サテライト型特養」として、大型特養と一体的に運営している事業者（社会福祉法人など）が多いようです。小規模のほうが、介護費用は高くなります。

次に、居室の形態によって、多床室（2人以上の相部屋）、従来型個室（リビングのない個室）、ユニット型準個室（リビングはあるが壁と天井の間に隙間がある個室）、ユニット型個室（リビングのある完全な個室）に分かれます。入所者の居住費や食費は（収入にもよりますが）、**居室のタイプによって、順に高くなるのです。**

介護福祉士など特養の介護職員は、痰の吸引や胃瘻の処置などの医療行為ができます

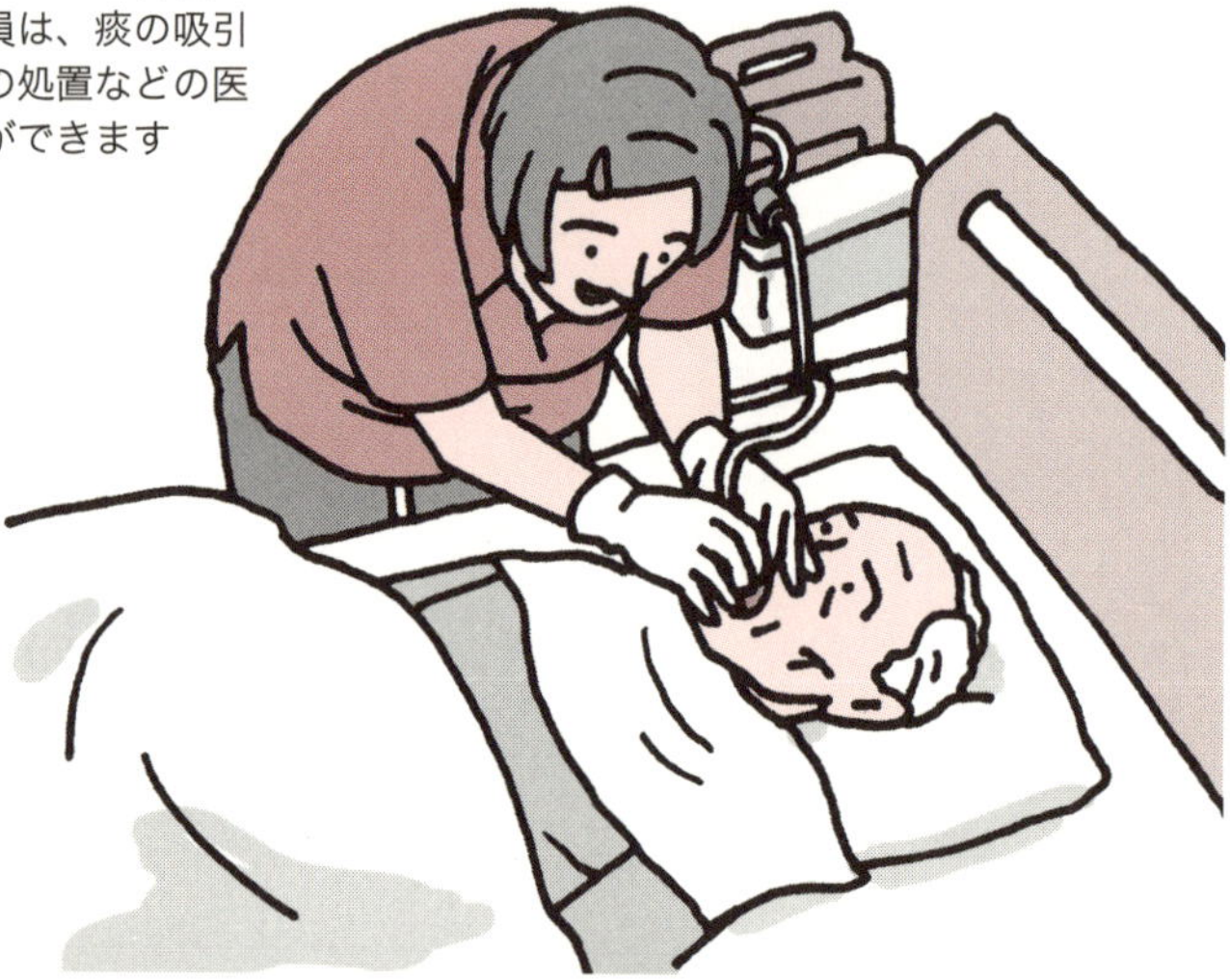

◇入院が必要な人は入所できない

特養は生活の場なので、医療に弱いという一面があります。入所者100人に対して医者一人(非常勤でもよい)、看護師3人の配置が義務づけられているので、健康チェックや服薬の管理はしてもらえます。しかし、本格的な治療となると、通院や入院が必要です。入院が3ヵ月続くと、残念ながら退所となります。

それでも、入所者は訪問看護サービスを受けることができるので、ある程度の医療行為が受けられるのは大きなメリットです。**さらに近年、特養で働いている介護福祉士や研修を受けた介護職員に、入所者の痰の吸引や胃瘻《いろう》の処置などの医療行為が許可されました。**このことによって、看取りへの道が大きくひらけたのです。

入所者を終末期になっても病院へ搬送せず、「終の棲家」として看取る方向へ進んでいます

◇最期の看取りまで行ってくれる

特養では以前から看取り（終末期の入所者を病院へ搬送せず、居室のベッドで亡くなるまでお世話すること）が行われていましたが、近年はその傾向が顕著です。看取りを行うか入院させるかは家族の意向もあるので、勝手に決めることはできませんが、少なくとも看取りの体制をとれる特養が多くなりました。

これは、特養が文字通り「終の棲家」として機能してきた証《あかし》です。病院に搬送するとどうしても濃厚な医療を受けるので、寿命の来たお年寄りが不必要な苦しみを受けるという現実がありました。これからは、施設の質を見極めるために「看取りができる施設かどうか」が問われる時代になっていくことでしょう。

Q5

特養の良し悪しはどこでわかりますか。

62歳の専業主婦です。86歳になる父親（要介護3）を在宅で介護していますが、限界に近づいてきました。

父親は体が大きいのです。それが近頃、半介助から全介助に近づきつつあります。入浴だけは週2回、デイサービスで入れてもらっていますが、このままでは共倒れになりそうです。

特養に申しこむに当たって、少しでもいい特養に入れてあげたいと思うので、見分けるポイントを教えてください。

A

これまで在宅介護を頑張ってこられたのですね。きっと、お父様も感謝していらっしゃることと思います。

さて、特養の良し悪しを見分けて、少しでもいい特養に入れたいとのご相談ですが、**正直言って昨今の特養は「どこにしようか」と選べるような状態にはありません。全国に約7800ある特養は、2013年度時点で52万2000人の待機者を抱えています。**

待機者は、4年前の調査からなんと10万人以上も増えました。特養に入れれば24時間介護が受けられるうえ、有料老人ホームなどに比べて低料金であるため、入所希望者がとても多いのです。

しかし相談者の場合、お父様が要介護3だということですから、申しこめば入所できる可能性がないわけではありません。複数の特養に申しこんで、待機なさることをおすすめします。

特養におけるユニットケアの割合

※2012年10月1日現在

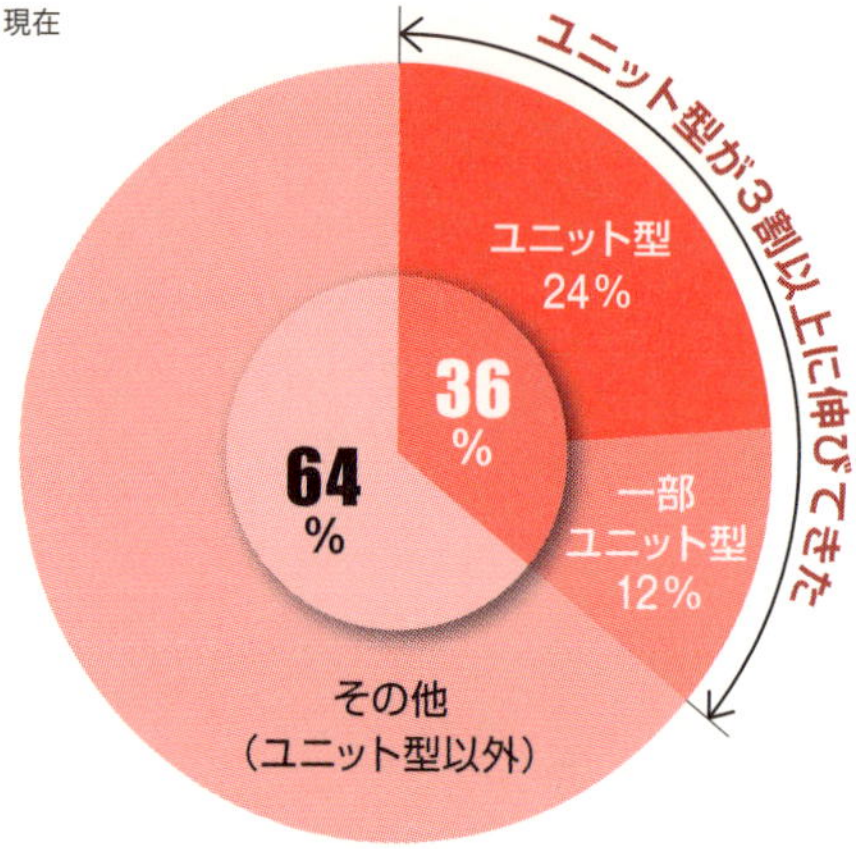
ユニット型が3割以上に伸びてきた
ユニット型
24%
36
%
一部
ユニット型
12%
64
%
その他
（ユニット型以外）

◎近年の特養をめぐる問題

Ｑ２で解説したように、２００２年度以降、国はユニット型個室の新型特養しか開設しないように都道府県に指導しています。２０１４年度までには、定員の7割程度を個室化するという目標も立てました。しかし、上の円グラフのように、ユニットケアを導入している特養の割合は、ようやく3割を超えた状態です。これは、特養の建築・改修費が高額で、自治体の財政負担が重いことと無縁ではありません。

２０１２年度からは、これまで国が決めていた1部屋の定員を自治体が条例で決められることになりました。その結果、約7割の自治体が相部屋を容認する条例をつくったのです。

今後、特養の個室化は国が思うほど進まないという見方もあります。

基準の緩和で増床を模索

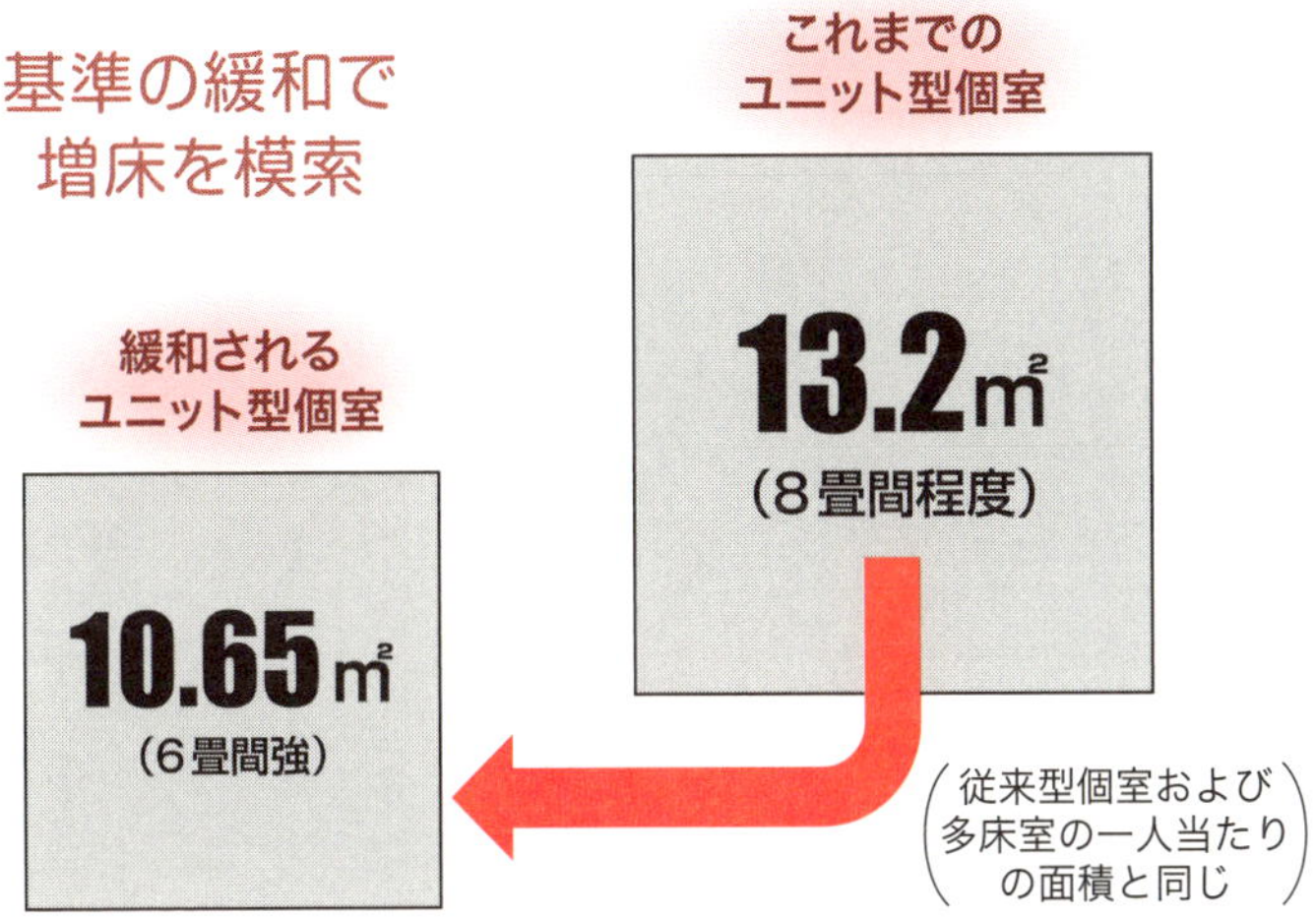
これまでの
ユニット型個室
13.2㎡
(8畳間程度)
緩和される
ユニット型個室
10.65㎡
(6畳間強)
従来型個室および
多床室の一人当たり
の面積と同じ

特養の問題点は、「多床室ではお年寄りの尊厳が保てないから個室にするべきだ」と主張する人々がいる一方で、個室になると居住費が高くなり、入所できない人が少なくないことです。

そのため、**これから特養への入所を希望する人は、「多床室への偏見を持たない」「個室の高い居住費でも払える」「要介護3以上である」という3つの要件をクリアしなければなりません。**そのうえで複数の特養の空室待ちを行いながら、ケアの質について調べていく必要があります。

厚生労働省は、2010年から個室に必要な面積を多床室の一人当たりの面積と同じ10・65㎡に緩和しましたが、これはあくまでも個室にこだわりたいからです。**「原則個室化」という国の方針は変わらないまま、実際には従来型の多床室がたくさん残されている、という状況が当分続くことになります。**

排泄ケアと聞いて、オムツ交換をイメージするようではいけません。排泄ケアとは、トイレへ誘導することです

◇三大介護をしっかりやってくれるのがいい特養

居室の形態やユニットケアの有無、それによって居住費が大幅に違うことなど、ケアの良し悪しを見る前に、条件面で「入れるだろうか」「払えるだろうか」と迷う人が多いものです。

そこで最初にハードの違いを説明しましたが、次にソフトの違いを説明しましょう。

特養の良し悪しは、食事、排泄、入浴の三大介護をしっかり（正しい方法で）行っているかどうかを見るとわかるものです。

近年、「人間の尊厳を守るために、食事、入浴、排泄のケアは効率的にすませ、あまった時間を会話に充てよう」という意見がありますが、それでは人間の尊厳は守れません。本当のコミュニケーションとは、一緒に時間をかけて食事をし、お風呂の中でお年寄りの昔話を聞き、体の中の声である尿意や便意に耳を傾けてトイレに誘うことです。三大介護をおろそかにしたまま会話の時間を設けても、お年寄りが安住できる生活の場にはなりません。

三大介護のチェックポイントは、第4章のQ26〜Q28を参照してください。その特養がいいケアをしているかどうかを見るには、ショートステイを利用するといいでしょう。面会で半日くらいいると、見学では気づかない職員の動きを見ることができます。ショートステイと入所者のフロアではケアの質がまったく異なる施設もあるので、口コミも参考にしてください。

特養入所は難しい
いよいよ施設入所か…
それなら特養に入れたいわね
ところがー
現実1
待機者52万人
ええ!? そんなに!?
現実2
要介護3以上
おばあちゃんは要介護2だからダメなのか!?
ほとんど歩けないのに…
現実3
個室なら割高です
結局うちは無理そうだな
ガックリ

Q6

老健というのはどんな施設ですか。

88歳の祖母が脳梗塞になり、入院しました。手術はせずに薬で治療したのですが、右半身に軽いマヒがあり、言葉もうまくしゃべれません。それでも、退院が近いのだそうです。

自宅で介護する自信がないため、母親が病院のソーシャルワーカーと相談したところ、次は介護老人保健施設（老健）へ移ることに決まりました。入院していた病院とは、経営母体が同じです。

老健というのは、どんな施設なのですか。また、老健に入ったらどんなことをしてくれるのでしょうか。

A

老健は、急性期を脱して状態が安定したお年寄りが、在宅復帰へ向けたリハビリテーションを行うための施設です。

老健の大部分（8割弱）は、医療法人が開設しています。そのため、母体の病院やクリニックと連携した運営がなされ、ショートステイ（短期入所療養介護）やデイケア（通所リハビリテーション）を併設している点が、全国的な老健の共通点です。

老健には、相談者のお祖母様のように在宅復帰を目指す人が入所します。急性期病院での治療が一段落したものの、直接在宅へ復帰するのは難しい人が、3～6ヵ月間ここで機能訓練を行うのです。

しかし、誰もが老健からスムーズに在宅復帰できるわけではありません。昨今、在宅復帰できるのは幸運な人になりつつあります。老健の平均在所日数が約300日もあることが、それを物語っています。

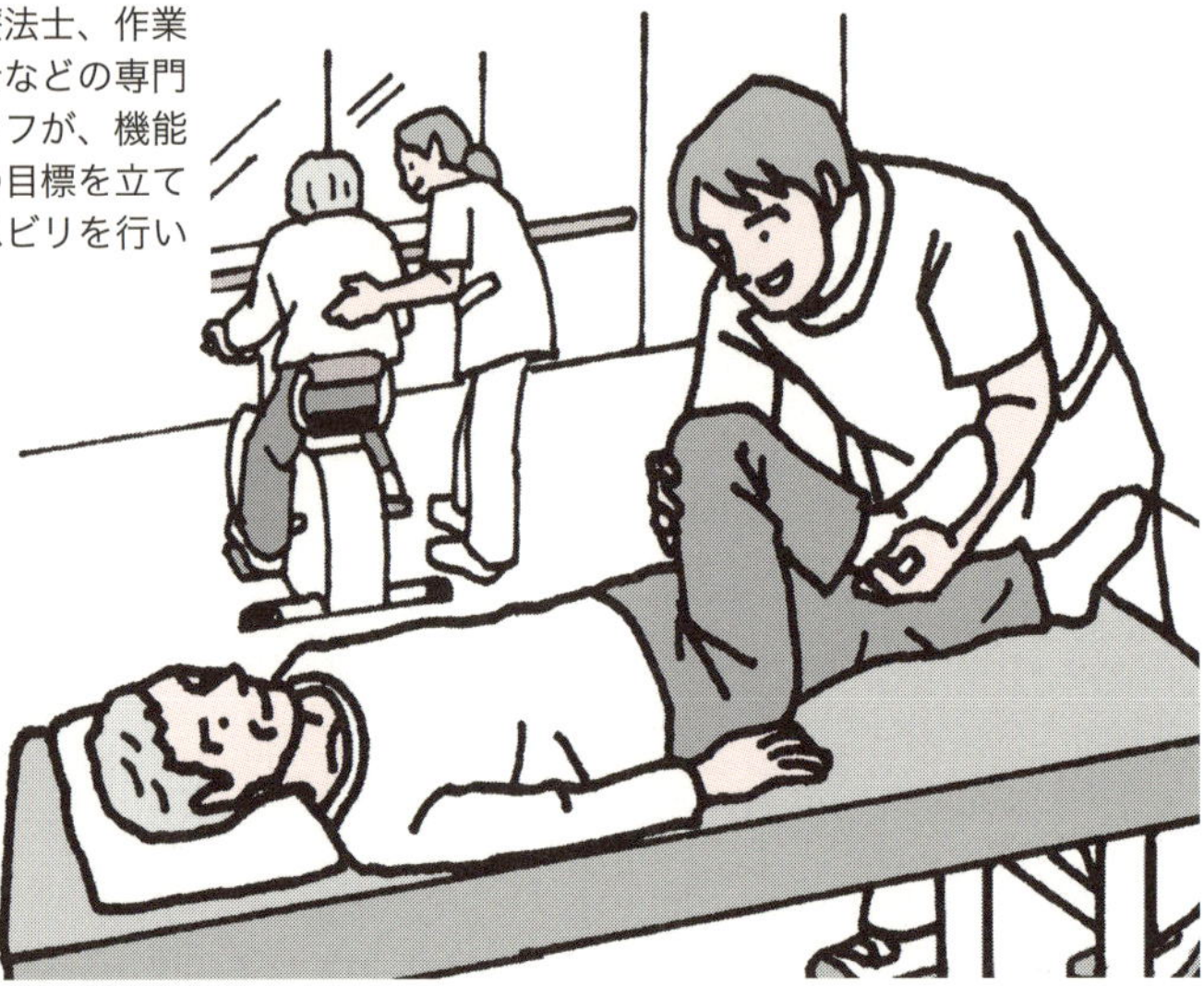

理学療法士、作業療法士などの専門スタッフが、機能回復の目標を立ててリハビリを行います

◎リハビリを受けることができる

介護をメインとする特養などのデイサービス（通所介護）では、食事や入浴以外の時間にレクリエーションを行いますが、老健などのデイケアで行うのはリハビリテーションです。

そのために、老健では理学療法士、作業療法士、言語聴覚士のうちいずれか一人を配置しなければなりません（入所者100人に対して）。

しかし、バリアフリーの訓練室で行われるリハビリは、生活の役に立つかというと疑問があります。訓練時間も短いため、その他の時間をベッドで過ごすようではかえって逆効果です。思いきって自宅に戻り、毎日くり返される生活行為をリハビリにするか、**入所を続けるのであれば日中をよほど活動的に過ごさなければなりません。**

毎朝のバイタルチェックや食後の服薬管理など、看護師が医療面の管理を行ってくれます

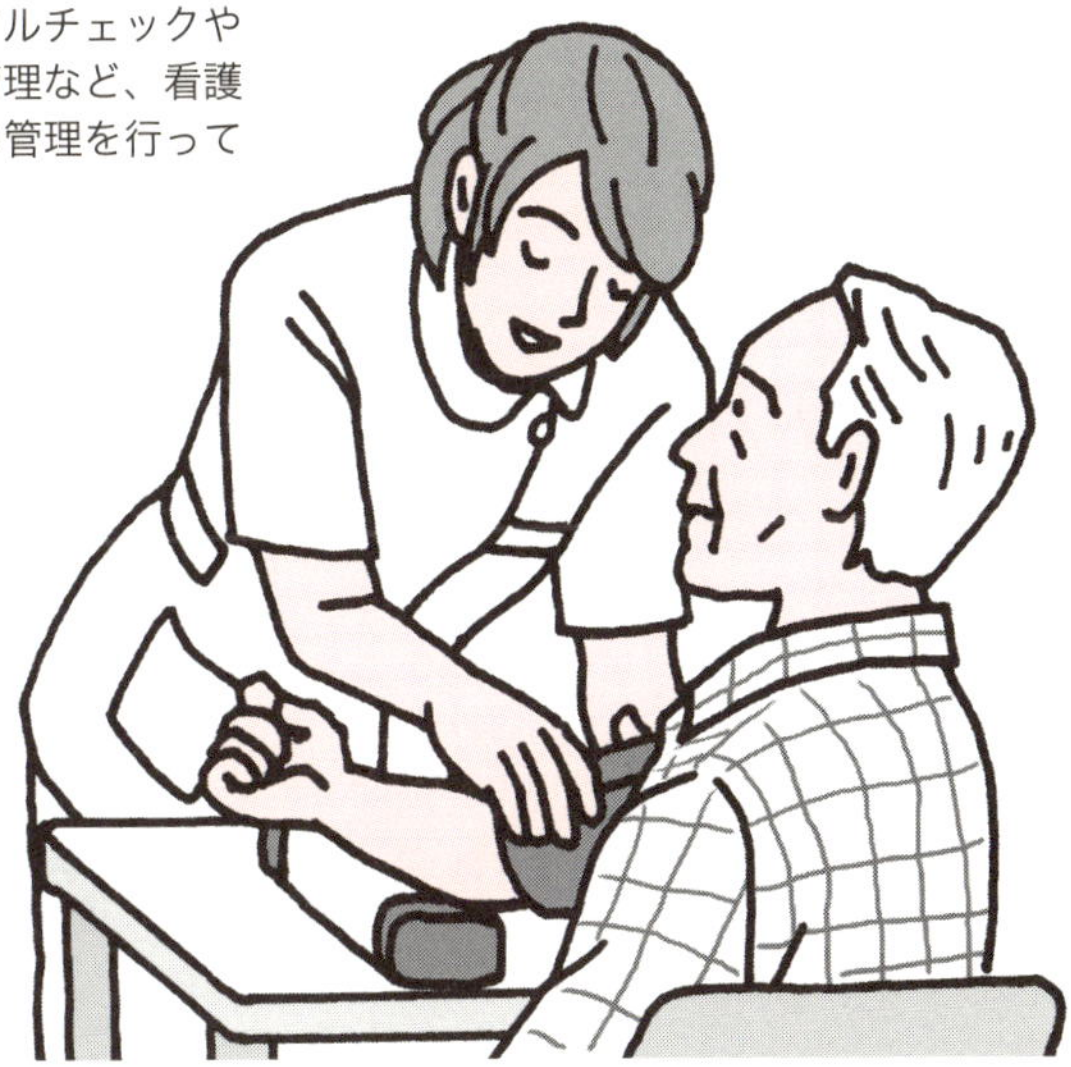

◇特養よりも医療職が多い

老健は入所者100人に対して、9人の看護師の配置が義務づけられていますが、これは特養の3倍です。そのため、胃瘻や酸素吸入、気管切開など医療的管理が必要な人でも入所できます。ま た、常勤の医者がいます。

しかし、いくらでも診察や治療をしてもらえるわけではないのです。老健は純粋な介護保険施設なので、老健内では医療保険は使えません。医者にかからなければならないときは老健の医者が診てくれますが、月に1回、連続3日が上限です。外部の医者を受診しなければならないときは、老健の医者の許可証を提出する必要があります。

老健は、病状が不安定で、常に受診や通院や高価な薬が必要な人には適しません。

従来の老健は多床室中心でしたが、近年新設または増改築されている老健は、ユニット型個室が多くなっています

◇個室化、ユニット化が進む

老健の利用料は、何で決まるのでしょうか。老健には従来型老健と、看護師の人員が療養病床のように多く、夜間看護職員を配置するか、夜間看護オンコール体制をとった介護療養型老健（新型老健）があります。利用料金は、要介護度と施設のランク、居室の区分によって異なるのです。

居室の区分は、多床室、従来型個室、ユニット型準個室、ユニット型個室の4つに分かれます。従来型というのは、ユニット型のように食事や談話ができる共同生活室（リビングルーム）を併設していないタイプです。

特養と同じように老健もまた国によって個室化、ユニット化が推進されていて、少しずつその影響が表れつつあります。

急な病気で入院すると、老健はベッドを空けて待っていてくれません。入院と同時に私物を運び出す必要があります

◇入院すると退所となる

老健に入所している間は、医療保険が使えません。医療保険証は誰もが持っていますが、歯科など限られたもの以外を受診してはいけないのです。老健には介護保険を使って入所しているわけですが、介護保険と医療保険を同じ人に同時に使うことはできないので、老健への入所中は医療保険証を持っていないのと同じことになります。

したがって、**老健に入所している人が急な病気などで入院すると、その日のうちに退所です。**入院の理由がケガなどで確実に退院できることがわかっている場合は、また同じ老健へ戻れるよう事前によく話し合っておく必要があります。

「何となくすすめられて」入所する人が多い老健ですが、よく目的を理解しておきましょう。

Q7

老健の良し悪しはどこでわかりますか。

40代の男性です。田舎の母親が老健に入って1年になります。近くに住む兄夫婦が時々面会に行ってくれますが、最近母親は老健で事故を起こしました。夜中にトイレへ行こうとして転倒し、大腿骨頸部を骨折したのです。

系列の病院でボルトを入れる手術をしてもらいましたが、老健へ戻ってから車イスになりました。兄から聞いたところでは、母親は歩きたがっているのですが、老健が車イスでないと面倒を見ないと言ったそうです。老健の良し悪しについて教えてください。

A

事故には、防ぐべき事故と防げない事故があります。施設といえども人が生活している場所なので、生活することに伴うリスクは避けることができないのです。防ぐべき事故だけでなく、防げない事故まで防ごうとすると、お母様のケースのように過剰な安全策をとられます。

老健はリハビリの場なので、積極的に歩かせなければなりません。しかし、施設の都合で安全を優先されると、歩けるのに車イスにされたり、トイレに行けるのにオムツにされることがあります。

これは、老健だけにとどまりません。病院顔負けの管理主義が横行する介護現場は、枚挙にいとまがないほどです。なかでも**老健の場合は、「在宅復帰を目指すリハビリ施設」という目的がハッキリあるのですから、安静看護のまねをしてはいけません。**活動的に過ごさせてくれないのは、大きな問題です。

食事中は、おもに利用者の姿勢を見ます。テーブルや椅子について観察することも大切です

◎デイやショートで試してみよう

老健の良し悪しを見分ける方法は、デイケアかショートステイを利用してみることです。利用中に見学に行き、食事、排泄、入浴の三大介護がきちんとできているかどうかを見ましょう。三大介護については、本書と同じ「在宅介護応援ブック」シリーズの『介護の基本Q＆A』（三好春樹著、講談社）を参照してください。

三大介護をすべて見ることができれば理想的ですが、面会の家族といえども排泄介助や入浴介助は見せてもらえないものです。そこで、**食事介助を見てケアのレベルを探るのが、介護家族の一般的なリサーチ方法になります。**

具体的には、第4章のQ26（Q25も）を読んでください。

介護職が少なくても介護施設であることに変わりはありません。多職種連携が、老健のケアのレベルを上げるカギです

◇職種の多さを強みにしているか

老健は、特養やグループホームよりも介護職の数が少なくてもよいという人員配置基準になっています。介護職には夜勤、夜勤明け、休日があるため、早番や遅番が多めのシフトを組むと、昼間はフロアに介護職が一人しかいない時間帯も出てくるのです。そこをどうカバーするかで、老健のクオリティの違いが出てきます。

老健には介護職が少ない代わりに、看護師やリハビリ職が多く配置されているのが、特養やグループホームとは違うところです。ある老健では、看護師やリハビリ職だけでなく、相談員、調理師や栄養士など、あらゆる職種が介護を行っています。**職種の多さを強みにしている老健であれば、介護が手薄になることはありません。**

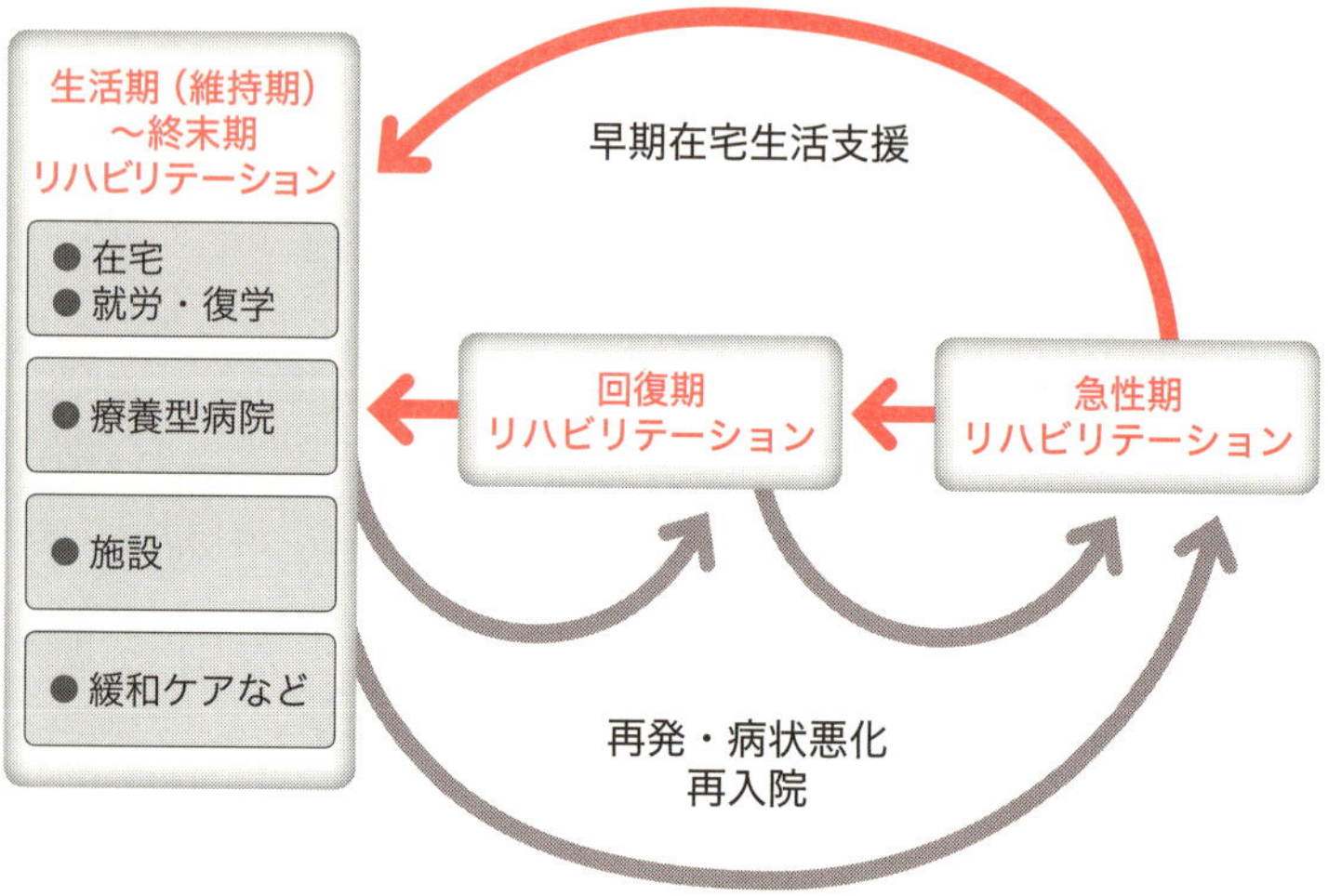
生活期（維持期）
〜終末期
リハビリテーション
●在宅
●就労・復学
●療養型病院
●施設
●緩和ケアなど
早期在宅生活支援
回復期
リハビリテーション
急性期
リハビリテーション
再発・病状悪化
再入院

◎リハビリ施設である老健を寝たきりへの通過点にしてはいけない

上に掲げたのは、リハビリテーションの流れです。リハビリテーションには、急性期、回復期、生活期（維持期）があります。急な病気や障害に遭ったお年寄りは、急性期→回復期→生活期と、リハビリテーションの流れを右から左へたどると思われがちです。

しかしながら、**居宅サービスの量的不足と核家族化による家族の介護力の低下により、在宅復帰がかなうお年寄りは老健入所者の4分の1程度しかいません。**一時は「特養の待機施設」と言われた老健ですが、今では老健自体が「第二の特養」となりつつあるのが実情です。

欧州の先進国では、急性期病院を退院すると、直接在宅でのリハビリ体制をつくります。日本のように病院や病床の数が多くないことを逆手にとって、寝たきりをつくらないという国民共通の理解があるのです。

一方**日本では、老健への長期入所や複数の老健間、老健と系列の病院間のたらい回しを経て、療養病床へ移行していくお年寄りが少なくありません。**その過程の中で、お年寄りは寝たきりになり、多くは認知症を合併してしまうのです。ここには、わが国において回復期リハビリテーションが機能していないという現実があります。老健を寝たきりへの通過点にしてはなりません。

Q8

療養病床というのはどんな施設ですか。

82歳の母親が、療養病床に入っています。療養病床には医療保険型と介護保険型があるらしいのですが、介護保険型のほうです。先日、家族への説明会があり、「国の方針で、この先介護療養病床は廃止されるかもしれません」と言われました。

母親は腎臓が悪く、人工透析が必要なのです。療養病床の人からは特養へ申しこむようにとのアドバイスがありましたが、特養だと家族が透析に通わせなければなりません。

療養病床というのはなぜつくられ、なぜ廃止されるのですか。

A

療養病床は、長期の療養を必要とする高齢者が入所し、医学的管理のもとで必要な治療や介護を受ける施設です。

相談者がご存じのとおり、療養病床には医療療養病床と介護療養病床があります。

国は2006年時点で37万床あった療養病床のうち、医療療養病床の25万床を15万床に削減し、介護療養病床の12万床を2012年3月末までに全廃することを決めました。しかし、受け皿となる老健やケアハウスが整備できなかったために方針を変え、2018年3月末日までに延長されたのです。

介護療養病床は、介護保険で入れる病床なのですが、介護保険財政が逼迫《ひっぱく》しているために廃止されます。もとはと言えば、医療費の高騰を解消するために設けられた介護保険施設だったので、医療介護行政の迷走が原因と言えるでしょう。

介護療養病床が廃止されるとどうなるか

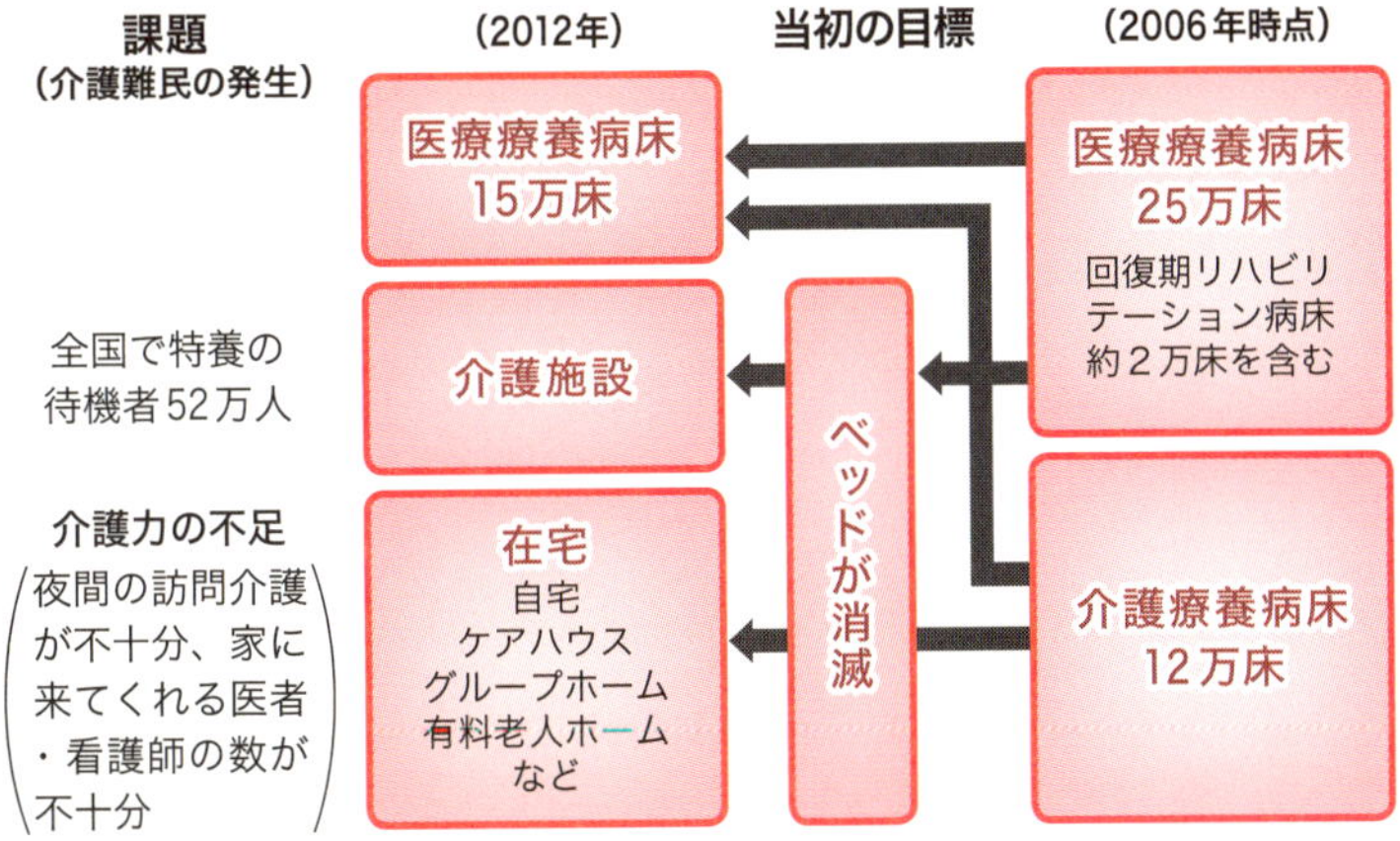
課題
（介護難民の発生）
（2012年）
当初の目標
（2006年時点）
医療療養病床
15万床
医療療養病床
25万床
回復期リハビリテーション病床約２万床を含む
全国で特養の待機者52万人
介護施設
ベッドが消滅
介護力の不足
夜間の訪問介護が不十分、家に来てくれる医者・看護師の数が不十分
在宅
自宅
ケアハウス
グループホーム
有料老人ホーム
など
介護療養病床
12万床

◇介護療養病床は在宅か老健へ

療養病床と呼ばれるのは、いわゆる「老人病院」です。わが国では1973年から約10年間、70歳以上の老人医療費が一定の所得制限付きで無料化されたために療養病床が大量につくられました（家族は無料なので入院させ、医者は全額国費負担なので薬漬け検査漬けが横行した）。その結果、入院の必要がないお年寄りまでが病院に留め置かれる「社会的入院」が問題になったのです。

この問題がなかなか解決しなかったのは、受け皿が不足していたためと考えられます。不足した理由は、建設費がかかり過ぎる特養数の伸び悩み、長男の嫁が介護してきた日本の「家制度」の消滅、家族介護者がいることを前提につくられた介護保険制度の不均衡（居宅サービスの量的不足）などさまざまな原因によるものです。

では、療養病床を残せばいいではないか、という疑問が湧きますが、欧州の先進国に比べて病床数が多すぎるという別の問題を抱える日本では、医療費の高騰によりこれ以上お年寄りの長期入院を放置できません。医療の場から生活の場へ戻す必要があるのです。

廃止が決定された介護療養病床の入所者たちは、介護施設（特に老健）や在宅（自宅、ケアハウス、グループホーム、有料老人ホームなど）への転換が期待されています。転換先として注目されているのは、左頁中段の介護療養型老人保健施設です。

介護療養病床と老健の比較（スタッフ数は利用者100人に対して）

2018年3月末日で廃止!!

介護療養型医療施設（介護療養病床）

いわゆる老人病院なので、常時医者がいて医療面は充実している。利用料はこの中でいちばん高い

医　者　3人
介護職　17人
看護師　17人

介護療養型老人保健施設（新型老健）

看護師が24時間配置され経管栄養や痰の吸引にも対応、看取りまで行う。利用料はこの中の中間

医　者　1人
介護職　25人
看護師　17人

介護老人保健施設（従来型老健）

症状の安定した人が対象なので、医療面はあまり多くを望めない。利用料はこの中ではいちばん安い

医　者　1人
介護職　25人
看護師　9人

Q9

療養病床の良し悪しはどこでわかりますか。

首都圏に住んでいる53歳の主婦です。田舎で2人暮らしをしていた父親の認知症が深くなり、興奮や徘徊や介護抵抗で母親の手に負えなくなったため、昨年長女である私が引き取りました。私の家には娘夫婦と孫が同居しているので在宅介護はできず、近くの病院（介護保険を使う療養病床）へ入院させました。

そこでは、アリセプトなどこれまで使っていた多くの薬を使ってくれないのです。しかし、なぜか父親は落ち着いてきて、認知症が治ってしまいました。どうしてでしょうか。

A

奇妙に思われるかもしれませんが、これは認知症に関する質問の中で、よく見られる典型的な質問なのです。

介護療養病床は、1日当たりの料金が決まっています。その料金は、特養や老健と同じく本人の要介護度が1~5の中のどれか、医療的カテゴリーが病院か診療所か認知症病床か、居室の形態が多床室か個室かユニット型個室かによって異なります。居住費と食費は、特養や老健と同じように実費負担です。

つまり、投薬や検査といった治療に関する請求項目がありません。そのため、高価な薬は使ってもらえない、という問題が起こるのです。**そのことで家族が悩んでいる間に、「(薬が原因だった)認知症の問題行動が消えた」という話はよく耳にします。**

医療費が定額であるために薬を制限されるのは、療養病床だけでなく老健も同じです。

療養病床には、生活の道具がありません。ベッドしかない
環境では、やがて寝たきりになり、認知症を合併します

◇安静看護ではよくならない

療養病床には、気管切開をして常時痰の吸引が必要な人、胃瘻を造って経管栄養を受けている人など、症状は安定しているものの重度の入所者がいます。同時に、特にこれと言って治療の必要がない（在宅復帰できる程度に治った）入所者もまた、社会的入院を続けているのです。

前者の場合は、介護療養病床が廃止されたあとも医療療養病床へ移るか、老健へ入所して在宅復帰を目指す必要があります。後者の転換先をどうするかは、難しい問題です。

相談者は、療養病床にも良し悪しがあるのではないかと思い、認知症が治ったのはいい療養病床だったからですか、と質問なさいました。相談者のお父様の場合、これまでの薬の種類や量が多すぎたのでしょう。出来高払いだと医者は薬漬け検査漬けにしがちですが、定額だと大幅にカットされます。そのため薬漬けの弊害から救い出される人が出てくるのですが、これは個々の施設の良し悪しの問題ではありません。それに、定額がいいとは一概に言い切れず、必要な医療を制限される可能性もあるのです。

ただ、確実に言えることはあります。それは、いつまでも病床（医療系のベッド）にいてはいけないということです。お年寄りが寝たきりになり、廃用症候群を引き起こすのは安静看護が原因である場合が多いのですから、できることなら生活の場への転換を目指しましょう。

長期入院の悪循環
そろそろ退院してください
ええっ！
あの状態ではとても家ではみられません
では療養病床に入りましょう
ケアマネ
もう少し動けるようになったら家に帰ろうね
そうか
療養病床に入院していたら
そのまま寝たきりになってしまいがちです
こんなはずじゃなかった…

Q10 グループホームというのはどんな施設ですか。

50代の会社員です。同じ市内の賃貸マンションで一人暮らしをしていた義母が、半年前にグループホームに入りました。82歳の義母は認知症と診断されていて、要介護度は2です。

義母はマンションへ帰りたがっていますが、もう独居は無理だと思われます。現状は家賃を二重払いしている状態なので、そろそろマンションを引き払いたいのですが、グループホームというのは、最後まで置いてもらえるものなのでしょうか。わが家では私の母親を介護しているので、義母を引き取れません。

A

グループホームは住み替えを伴いますが、施設サービスではなく地域密着型サービスです。居住費や水道光熱費がかかりますから、ほかに家賃を払っている住居があれば、相談者が言うように家賃の二重払いになります。

問題はいつまでいられるかが、グループホームによってまちまちなことです。個別に入居時の契約書を読み直すか、問い合わせるしかありません。ここでは、グループホームの定義を見てみましょう。

グループホームの正式名称は、認知症対応型共同生活介護です。要支援2以上の認知症高齢者が、職員の援助を受けながら共同生活を送ります。

グループホームは、介護保険の中の地域密着型サービスの一つなので、その市区町村の住民でなければ利用はできません。認知症の症状が落ち着いていていないと、入居を断るところもあります。

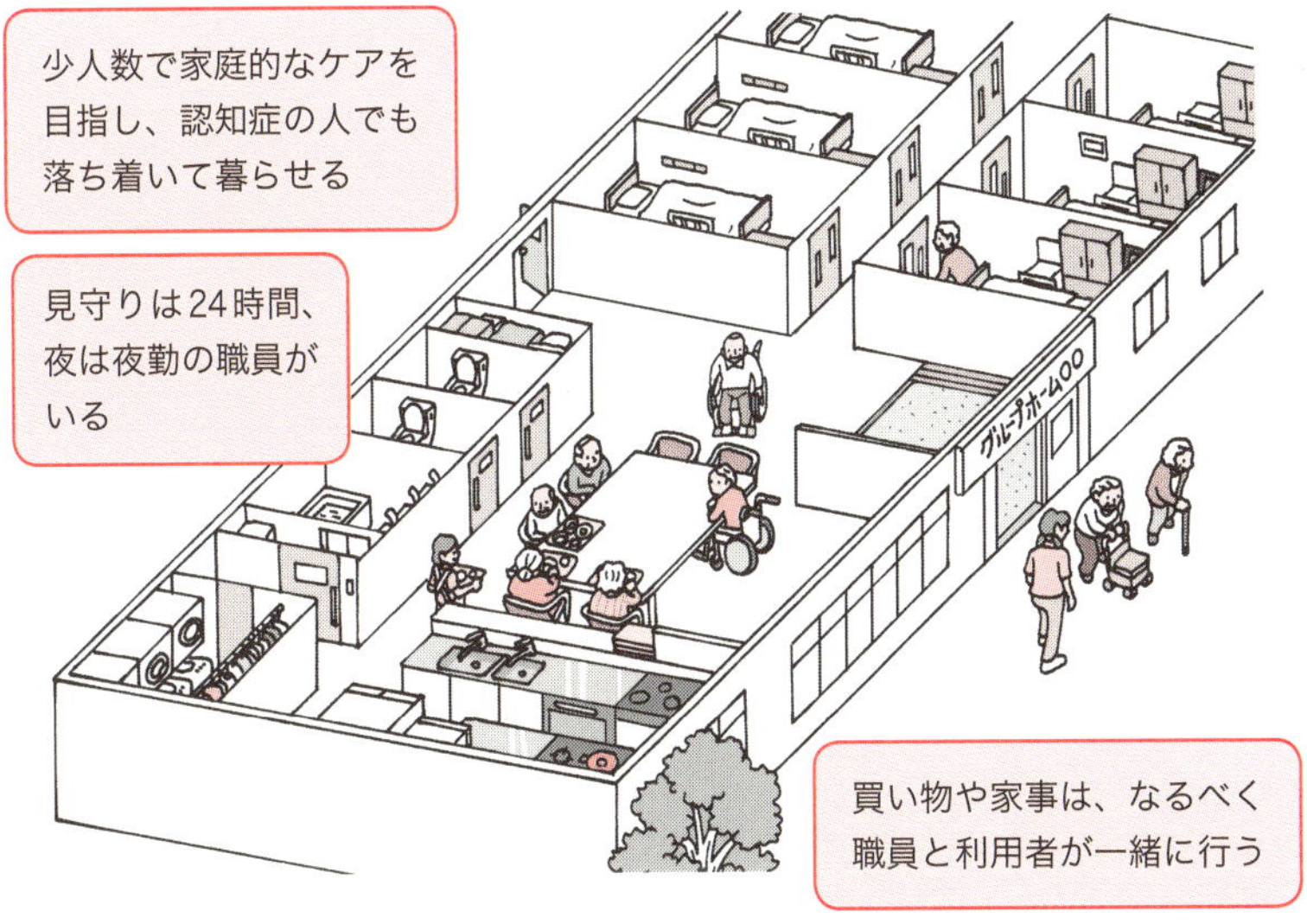
少人数で家庭的なケアを目指し、認知症の人でも落ち着いて暮らせる
見守りは24時間、夜は夜勤の職員がいる
グループホーム○○
買い物や家事は、なるべく職員と利用者が一緒に行う

居室は原則として個室です。夫婦のために２人部屋が用意されているグループホームもあります

◇ユニット型個室が基本である

グループホームにおける生活や介護は、5～9人を1ユニットとして行われます。運営できるのは、2ユニット18人までです。

居室は原則として4畳半以上の個室なので、特養などのタイプで言うとユニット型個室ということになります。また、夫婦用に相部屋を用意したグループホームもあります。

建物は、大規模施設に併設されたタイプ、民家を使った一戸建てタイプ、ビルやマンションの一部を借りたタイプとさまざまです。

グループホームに入居すると、そこのケアマネジャーがケアプラン（認知症対応型共同生活介護計画）をつくってくれます。そのほかの点では、介護付きの下宿に入ったのとほぼ同じです。

グループホームに入居すると、顔なじみの利用者とスタッフに囲まれて、家庭的な雰囲気で暮らせます

◇家庭的雰囲気で生活する

スタッフは管理者が一人、介護サービス計画作成担当者が一人、日中は入居者3人に対して一人の介護職が必要です。このように**顔ぶれを固定させて家庭的な雰囲気をつくることで、認知症のお年寄りが集まっても穏やかに暮らしていけるのがグループホームのメリットとされます。**

しかし、少人数であれば家庭的なケアが期待できる反面、悪くすると閉鎖的になる可能性もあるのです。過去には職員が入居者を虐待する事件も起きているので、**いいグループホームであるかどうかを見るためには、そこが地域に門戸を開き、オープンであるかどうかを見なければなりません。**「小規模＝家庭的＝いいケア」という思いこみは、間違っているうえに危険です。

ケアを受けるだけでなく、できることは自分でするのがグループホームに共通した目標です

◇できる家事があれば手伝う

一つのユニットでキッチン、リビング、浴室などを共有するのですから、お互いに助け合うことはとても大切です。そのため、**グループホームではできる家事には食事づくりや洗濯物の取りこみなど、できる家事には参加してもらいます。これは、認知症の作業療法としても有効です。**

しかしながら、認知症の深さや要介護度は、入居者によってかなり異なります。家事への参加が建て前だとしても、全員ができるとは限りません。年数が経って入居者の高齢化が進んでいるグループホーム（いいケアをしていることが多い）では、動けないお年寄りも増えています。

家事への参加率が低いことだけで、悪いグループホームと決めつけることはできません。

職員がいつも見守ってくれます。特に夜勤体制が強化されていれば、いいグループホームと言えます

◇職員が24時間見守ってくれる

グループホームの日中は、入居者3人に対して一人の介護職の配置が義務づけられています。夜間は以前、2ユニットに一人の夜勤職員の配置でも認められていましたが、2012年の介護保険法の改正で2ユニット一人夜勤が禁止され、現在は1ユニット一人夜勤体制です（さらに夜勤職員を増員すると加算が付きます）。

これは、安全面が懸念されていたグループホームにとって大きな進歩でした。夜間の見守りは、とても大切だからです。グループホームは男女の共同生活なので、認知症があると異性の部屋に入ってくる入居者もいます。また、**転倒や火災などの不測の事態のためにも、夜間の介護力確保は肝要です。**

Q11 グループホームの良し悪しはどこでわかりますか。

80代後半の祖父（要介護3）が、入居しているグループホームから出て行ってほしいと言われました。入居したのは10年近く前で、当時は認知症の診断が出ていましたが、要介護1でした。

祖父は最近認知症が深くなり、グループホームの中で粗暴なふるまいをしたり、大声を上げたりするのだそうです。

「このままでは、家庭的な雰囲気を乱してしまうので」と退去を求められています。いったい、何のための認知症限定サービスなのかわかりません。どのグループホームもこうなのでしょうか。

A

同じような話は、多くのグループホームで聞かれます。認知症対応型と言いながら、認知症が深まると退去させるのです。

退去条件は制度的に決められていないため、各グループホームの運営方針によって異なります。そのため、いつまでもいられるか（どうなったら退去させられるか）入居時に確認しておくことが必要です。

退去を要求されるときはいろいろな理由が付けられますが、「家庭的な雰囲気を乱すから」というのは、もっとも稚拙な理由付けと言わなければなりません。家庭的な雰囲気を乱さないような人なら、初めからグループホームには来ないからです。

認知症のお年寄りは、環境が変わると大きなダメージを受けます。**いったん入ったグループホームはなるべく出ないほうがいいので、何とか継続できないか粘り強く話し合ってみてください。**

◇どんなときに退去させられるかを調べておくこと

退去の条件を、あらかじめ契約書に明記しているグループホームばかりとは限りません。**グループホームを選ぶときは、かならず「最期の看取りまでしていただけますか」「どうなったら退去しなければなりませんか」「過去のケースはどうなっていますか」と尋ねてみましょう。**

ほかの入居者に暴力を振るうと、退去させるグループホームが少なくありません。この場合、一時的に入院して治療を受け、暴力が治まったら戻れるよう頼んでみることです。

グループホームは一般に医療との連携が弱いので、通院が必要になると問題が生じます。定期的な通院は家族がさせるとしても、**急なケガなどは家族では対応できませんから、職員が付き添って受診させてほしいものです。**

全介助になると、「入浴させられない」「うちは機械浴が

事例

あるグループホームでは、1ユニット2人夜勤にこだわっています。介護職の疲弊と離職を防ぐには、そして入居者の安全を守るには、一人夜勤はいけないとの信念があるからです。一人夜勤であっても、ベテランを配置しているか、責任者が夜勤のシフトに入っているグループホームは信頼が置けます

ない」という理由で退去を求められることもあります。座位がとれるお年寄りであれば、介助して家庭浴槽に入れられるのがプロの介護力というものです。そういう理由を持ち出されたら、私の著書の入浴法の解説を読んでもらってください。『完全図解　新しい介護　全面改訂版』（講談社）がおすすめです。

総じて要介護度が高くなると、入院から退去へと誘導するグループホームが多くなります。**最期の看取りまでできるグループホームはそう多くない**のが実情ですが、できれば多くのグループホームがお年寄りの終の棲家となってほしいものです。

グループホームの落とし穴

おじいちゃんには認知症対応の施設に入ってもらおう
もう限界
グループホーム
○○の家
受け入れ先が見つかってよかった
これで安心だ
1週間後ー
家庭的な雰囲気を保てなくなるので退去してください
ガーン
結局戻ってきた
家庭的な雰囲気を保てるなら施設なんて入れないわよ

Q12

有料老人ホームというのはどんな施設ですか。

叔父（70代後半）が数年前に自宅を売却して有料老人ホームに入居しました。訪ねて行ったところ、リゾートホテルのような豪華な建物でした。ところが、要介護状態になったとたん、叔父はそこから退去させられました。

次に入った有料老人ホームは、社員寮のような建物でした。

一口に有料老人ホームと言ってもいろいろあるようですが、有料老人ホームの定義を教えてください。

A

有料老人ホームの定義は、めまぐるしく変わっています。昔のイメージとはまったく異なっているのです。

相談者は中年男性とお見受けしますが、数年前に叔父様が入居なさった豪華な建物こそ、典型的な有料老人ホームだと思っていらっしゃるのではないでしょうか。**数から言えば、今では豪華な有料老人ホームは少数派です。**叔父様はその中でも、健康型（84頁参照）というタイプに入られたのだと思います。

健康型の中には介護が必要になったときに転居できる介護付き有料老人ホームを併設しているところもありますが、叔父様は退去させられたのですね。新たな入居先が社員寮に見えたというのは、2002年頃の規制緩和で、社員寮などを有料老人ホームに転用できるようになったからです。今では、アパートのような有料老人ホームが増えています。

有料老人ホーム定員数の変化

(万人)
35
30
25
20
15
10
5
0
31万5234人
1 食事の提供
2 介護の提供
3 洗濯・掃除の提供
4 健康管理
この4つの中のどれか一つをやっていると有料老人ホームになるんだ
14万7981人
ふーん
2012年
2007年

2006年に有料老人ホームの定義が幅広くなったことから、有料老人ホームの定員数は飛躍的に伸びています

◇昔とはホームの定義が変わった

結論から言うと、一人でも高齢者を入居させて①食事の提供、②食事、排泄、入浴の介助、③洗濯・掃除などの家事、④健康管理などのどれかを提供すれば、すべて有料老人ホームになります。以前は老人福祉法で「常時10人以上の老人を入居させ、食事の提供や日常生活上必要な便宜を供与することを目的とする施設で福祉施設でないもの」と定義されていました。

入居方式には左頁で紹介する3通りがあり、これは今でも変わりません。しかし、豪華な分譲方式や終身利用権方式の割合は減り、現在増えているのは賃貸方式です。しかも入居金ゼロ、月々の支払いは年金や生活保護費でまかなえるような低額有料老人ホームが増えています。

入居方式の違い

分譲方式

分譲マンションのように所有権を買う方式です。そのため、持ち家のようにいつでも売却することができますし、相続を行うこともできます。ただし、不動産取得税や固定資産税などの税金がかかります。

賃貸方式

毎月家賃を支払うので、賃貸マンションや賃貸アパートと同じです。契約内容によっては最初に入居一時金として、一定期間分の賃料をあらかじめもらい受ける方式を採用しているところもあります。

終身利用権方式

入居一時金を支払い、一代限りの終身利用権を買う方式です。早く亡くなる人や途中退去する人には、未償還分が返却されるのが一般的です。その際、どのくらい返ってくるのか調べておく必要があります。

◇有料老人ホームのタイプ別分類

健康型

健康で自立したお年寄りのためのリゾート感覚の有料老人ホームで、自立型とも呼ばれます。**ホーム内で介護を受けることはできないので、介護が必要になったら契約を解除して退去しなければなりません。**転居できる施設を併設しているホームもあります。

住宅型

介護が必要になっても、退去する必要はありません。外部のケアマネジャーにケアプランをつくってもらい、訪問介護などの介護サービスも外部から受けます。また、ここからデイサービスに行けるなど、**自宅と変わらない生活ができるタイプです。**

特定施設の指定を受けて、職員が介護サービスを行うタイプです。入居者は要支援1以上でなければならず、ホームは入居者3人に対して一人以上の介護職か看護職を配置しなければなりません。また、ケアマネジャーの配置も義務づけられています。

介護付き（一般型）

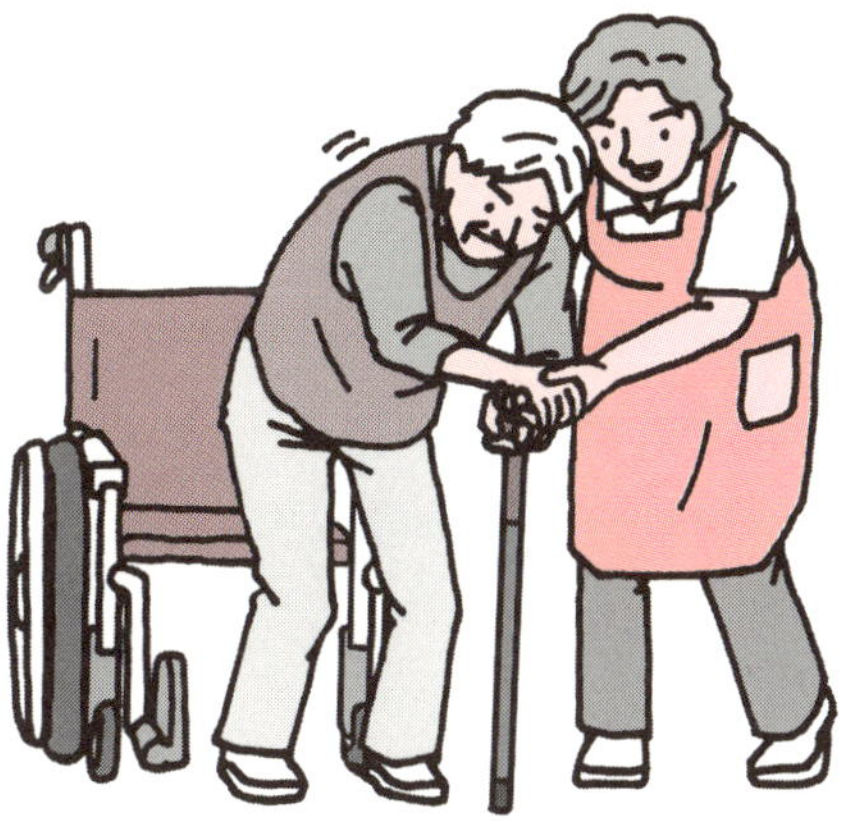

2006年から、そのホームの職員が介護を行わず、**契約するサービス事業者へ介護サービスを委託しても「介護付き有料老人ホーム」を名乗れる**ようになりました。その場合、ケアマネジャーと生活相談員だけはホームの中に配置しなければなりません。

介護付き（外部サービス利用型）

Q13

有料老人ホームの良し悪しはどこでわかりますか。

60歳の男性です。現在は健康で定年退職まであと数年あるのですが、独身なので将来が不安です。周囲を見ているとリタイヤ後に老けこむ男性が多く、私のように独居だった先輩方の中には、悲惨な結果に至った方もいらっしゃいます。

私は家事が苦手なので、有料老人ホームは選択肢の一つです。家事を含む生活全般の面倒を見てもらうにはどのタイプを選べばいいでしょうか。また、質を見分ける方法を教えてください。

A

ケアの良し悪しという意味ではないのですが、相談者の場合「特定施設」に入居なさることをおすすめします。

これは有料老人ホームなどで、介護保険の「特定施設入居者生活介護」の指定を受けた施設です。有料老人ホームで「介護付き」と表示できるのは、特定施設しかありません。特定施設には介護専用型と自立している人も入れる混合型があるので、まずは混合型の特定施設を探して見学してみてください。

特定施設は、特養レベルの介護職数をキープしなければならないなど厳しい運営基準があり、都道府県の指導を受けています（ケアの良し悪しは本書の第4章を参照していただく必要があります）。

有料老人ホームの定義がゆるくなっているのは、とにかく都道府県への届け出を義務づけて全部の監視が必要なほど、質の悪いホームがあるためです。

有料老人ホームを選ぶときは、紹介センターに足を運ぶといいでしょう。自分の希望をていねいに聞いてもらえます

◇紹介センターの活用方法

介護施設を選ぶには、31頁で紹介したインターネットの「介護サービス情報公表システム」で検索し、パンフレットなどの資料を取り寄せたり見学に行ったりする方法が一般的です。

有料老人ホームの場合は、それに加えて2つの独特な方法があります。一つは、有料老人ホームの情報だけを集めた雑誌の存在です。これはきわめて廉価で入手できますが、基本は広告なのでいいことしか書いてありません。

もう一つは、民間の有料老人ホーム紹介センターがあることです。そこへ出向くか電話で条件を相談すると、相談者に見合った有料老人ホームを紹介してもらえます。多くはホーム側からの手数料で運営されているので、相談は無料です。

こんなホームは要注意

認知症に対応できない

入居者が認知症になった場合はどうなるのか、はっきり聞いておきましょう。あいまいな理解でなく、具体的に知る必要があります

契約を急がせる

早く決めさせようとしたり、入居を承諾するまで契約書を見せないホームは要注意。契約書は一度持ち帰ってじっくり読みましょう

自由に出入りできない

玄関の自動ドアが外からは開くが内からは開かないなど、入居者を閉じこめるための工夫がいろいろとしてあるホームは要注意です

見学に条件がある

見学のさせ方に、そのホームの体質がいちばん出るものです。第4章のQ29をよく読んでから申しこんでください

入居してから人間関係でもめることもあります。公平に仲裁してくれるホームを選びたいものです

◇過剰な期待を抱かないこと

入居してからいろいろな不満が出てこないよう、有料老人ホームに入居する前には、さまざまな観点から事前のチェックが必要です。

入居後に起こりやすいトラブルの一つに、契約に関する思惑の違いがあります。「○○してくれるはずなのにしてくれない」と、ホーム側に対して怒り出す人は少なくありません。何をしてもらえて、何をしてもらえないのか、あらかじめ契約内容をよく理解しておきましょう。

人間関係のもつれも、よくある問題です。入居者やスタッフとはほどほどの距離を保ちましょう。総じて、新しく知り合った人に過剰な期待は抱かないことです。かといって個室に閉じこもらないよう、外との関係を大切にしましょう。

有料老人ホームに入居するのは、身寄りのない人とは限りません。同居している家族や介護者がいても、ホームを選ぶ人はいるのです。近年、有料老人ホームやグループホームで晩年をすごし、看取りが近づいてきたら自宅へ引き取られるケースが少なくありません。

介護施設や有料老人ホームに入っていても、家族との関係がしっかりしているお年寄りは落ち着いているものです。距離をとることで改善される親子関係や夫婦関係もあるので、そのほうが家庭の中で「関係の地獄」に陥るよりもいい介護と呼べるでしょう。

Q14

サ高住というのはどんな施設ですか。

遠距離介護をしている50代の主婦です。私の母親（79歳、要介護1）は、父親が亡くなって10年近く、広い実家で独居しています。子どもは私一人で、母親の地元には高齢の伯母しかいません。

母親は最近片づけができなくなり、私が毎月通って片づけるだけでは追いつかない状態です。先月帰ったときに近所にご挨拶をしたら、「火事を出されないか心配だ」と言われました。

ケアマネジャーさんは、特養がいっぱいだからサ高住にしたらとアドバイスしてくれます。サ高住とはどういうものですか。

A

正式名称は「サービス付き高齢者向け住宅」で、国土交通省と厚生労働省が共※管するお年寄りの新しい住まいです。

国は、これまで高齢者向け住宅として整備してきた「高齢者専用賃貸住宅」などをサ高住に一本化しました。一定の基本条件を満たした賃貸住宅が、都道府県などに登録されるしくみです。

現在わが国では独居や老老の世帯が多くなり、一軒家の再整備が進んでいません。国は一戸建てを処分してアパートやマンションに住み替えさせたいのですが、昔から高齢者だけの世帯とは大家が賃貸契約したがらないという問題がありました。

サ高住の特徴は、長期入院などを理由に大家から一方的に解約できないなど、店子が守られる契約が結べることです。対象は60歳以上または要介護・要支援認定を受けている人とその同居者です。

※主務官庁が複数あることを示す法律用語。それぞれが監督を行う

居室は「年をとったら狭いところへ住み替えよう」という目的をかなえつつ、十分な広さが確保されています

◇居住スペースが広めにとってある

サ高住の居室の広さ（各専有部分の床面積）は、原則として25㎡以上となっています。これは、**特養のユニット型個室よりもかなり広く、ワンルームマンションと考えてもいいくらいです。**

ただし、広い共有スペースがあるタイプを例外として認めています。共有スペースに居間、食堂、台所などが設けられていて、その広さが十分にある場合は、居室は18㎡以上あればいいと決められているのです。それにしても、**一軒家から必要な私物を持ちこんで住み替えることができる程度の広さは確保されることになります。**

また、居室か共有スペースのいずれかに、台所、水洗便所、収納設備、洗面設備、浴室の備えがあることも決められています。

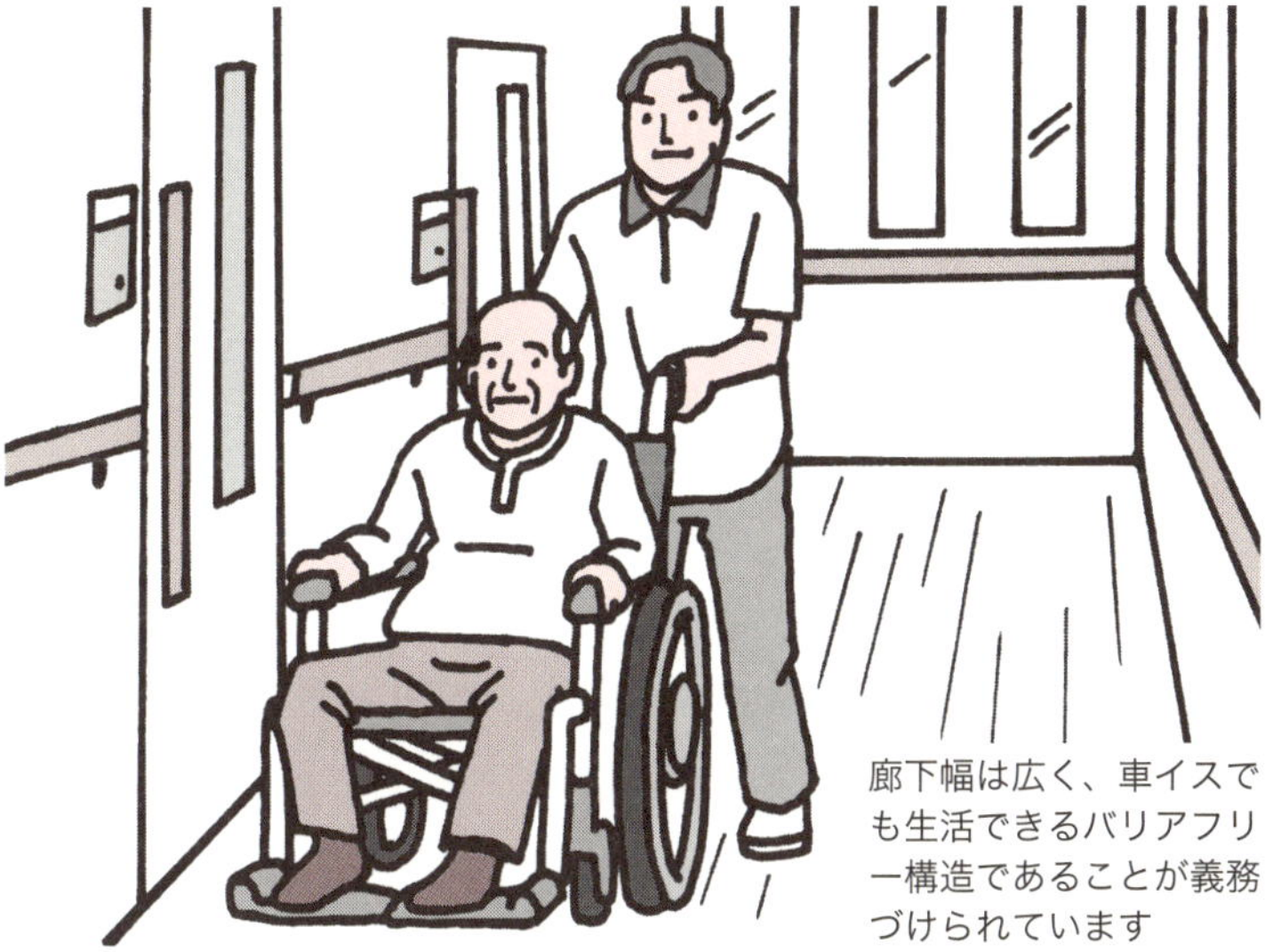

廊下幅は広く、車イスでも生活できるバリアフリー構造であることが義務づけられています

◇バリアフリー構造になっている

サ高住は、どこもバリアフリー構造になっています。バリアフリー構造を具体的に言うと、段差のない床、車イスが使える幅の広い廊下、玄関、浴室、トイレへの手すりの設置などです。

このバリアフリー構造をサ高住のいちばんのポイントのように書いた介護本もありますが、バリアフリーだからいつまでも暮らせるとは限りません。たとえば手すりは、そこに住むお年寄りの身体状況によって設置すべき位置が異なりますが、サ高住では病院や介護施設と同じように標準的な位置に付けられています。大勢の人がいる病院や施設ならともかく、個人の住宅でありながらサ高住は個別化されていないのです。要介護度が高くなったら住めなくなる可能性もあります。

日中は、介護の専門家が安否確認や生活相談を行ってくれます。連絡のためのコールボタンもあります

◇安心のサービスが付いている

ソフト面では、**介護の専門家が日中建物に常駐し、入居者に安否確認サービスと生活相談サービスを提供します。また、夜間は緊急通報システムでオペレーターにつながります。**

以上が、全てのサ高住に共通するサービスです。そのほかは、サ高住ごとのオプションになります。サ高住の中には、建物内にデイサービスやヘルパーステーションを併設している事業者が少なくありません。住まいと併せて、食事や家事援助サービスを提供するサ高住もあります。

契約する場合は、そのサ高住が基本サービスだけなのか、オプションとして何のサービスを付加しているのかを知らなければなりません。ただし、基本サービス以外は別料金です。

これまで暮らしてきた地域のサ高住に入れば、今までどおりの人間関係を維持することができます

◇住み慣れた地域で暮らせる

国は、病院や施設からお年寄りを在宅へ転換させたいと考えています。そのときによく使われるのが「最後まで住み慣れた地域で」という言葉です。サ高住はそのために法制化され、建設費の補助や税金の優遇もあって増加しています。

一人暮らしのお年寄りや夫婦だけで暮らすお年寄り、家族と別居しているために緊急時に不安があるお年寄りなどが、**住み慣れた地域で日常生活を維持できるのは大きなメリットです。そのためには、できるだけ環境を変えない範囲でサ高住を探す必要があります。**居住するエリアが同じであれば、人間関係も変わりません。

お年寄りにサ高住をすすめる場合は、住み慣れた地域で探してあげることが大切です。

Q15

サ高住の良し悪しはどこでわかりますか。

60歳の主婦です。隣県で独居する義母（80代後半、要支援2）に認知症の徴候が出てきたため、夫（3人きょうだいの長男）は安否確認ができる環境に移したいと考えています。

夫は週末ごとに実家へ帰り、きょうだいとも相談して、先日義母をサ高住に入れることにしたそうです。しかし、市内に空き部屋のあるサ高住が4ヵ所もあり、どこにしようか迷っています。

できるだけ良質な介護が受けられるところを選びたいのですが、サ高住の良し悪しはどこを見ればわかるのでしょうか。

A

サ高住は、介護の質で見分けることはできません。介護してくれる施設ではなく、ただの賃貸住宅にすぎないからです。

ただの賃貸住宅と言ってもメリットはあります。それは設備（居室の広さやバリアフリー構造など）、サービス（安否確認や生活相談など）、契約（長期入院を理由に退去を求められないなど）の各点で登録基準が設けられていることです。

これらのメリットはどのサ高住にもあるべきで、良し悪しの差があってはなりません。問題は、介護の質です。なかには特定施設の指定を受けて、住宅と介護保険サービスを一体的に提供しているサ高住もあります。**そういうところは介護付き有料老人ホームと同じなので、Q13や第4章を参照してください。そうでなければ外部サービスを利用することになるので、いろいろ試して納得できる事業所を選ぶことです。**

◇住み替えをどう考えるか

欧州の先進国では、高齢になって日常生活が不自由になると、高齢者向け住宅へ移り住むのが一般的です（前提として子どもは成人すると親の家を出ます）。夫婦で暮らせる限りは自宅で暮らし、暮らせなくなるか配偶者に先立たれると、自宅を処分して狭いところへ住み替えるのです。行政も高齢者向け住宅への住み替えを強く指導するので、自分だけ一軒家に住み続けたいという「わがまま」は通用しません。

サ高住は、こうした海外の住み替えを参考に導入されました。賃貸住宅であっても自宅に変わりはないので、近くのサ高住に住み替えれば、「最後まで住み慣れた地域で」暮らせる、というのが国の考えです。

要介護度が高い人は、特定施設の指定を受けたサ高住にするか、介護保険施設を探したほうがいい結果を

生むでしょう（サ高住の中には、「入居時自立」など入居条件を設けているところもあります）。一旦入居したあとに認知症が深くなったり要介護度が高くなったりすると、サ高住に住み続けられなくなることもあるので、先のことは十分考えておくべきです。

サ高住は、外出や外泊にそれほどうるさくありません。介護保険施設はもちろん、介護付き有料老人ホームやグループホームでも無断で外出や外泊をすれば行方不明か徘徊扱いされかねませんが、サ高住では比較的自由に外出や外泊ができます。逆に言えば、**外出や外泊を楽しめるうちにサ高住へ住み替えることが、老後の住まい方の一つの方法となるでしょう。**

サ高住の理想的な活用法

夫に先立たれ
息子のすすめで地元のサ高住に入居しました
日中は買い物ついでに
茶飲み友達の家に寄るのが日課です
先日地震が起きた時も
大丈夫ですか!?
すぐにスタッフが様子を見に来てくれました
住み慣れた町で
あら
まあ
安心して暮らせる喜びを感じています

コラム❷ いい介護は人選びから

「いい人生のためには医者と弁護士の友人を持て」というコトバがあるようです。でもこれ、おそらくアメリカのものでしょうね。なにしろ訴訟社会なので弁護士が必要なのでしょう。

現在の日本なら「医者とケアマネの友人を持て」となるのではないでしょうか。親しい医者がいれば、たとえその人が専門でなくても知人の医者を紹介してくれるでしょうから、病気になっても頼りになるでしょう。

家族が老化や病気などで要介護になったときに頼りになるのは、ケアマネジャーです。略してケアマネ。ケアマネは、ケアプランを作成する介護の〝要《かなめ》〟となる人です。

もちろんケアマネでなくても、介護関係者の友人がいれば、いざというときに、いいケアマネやいい施設を教えてくれることでしょう。

現在の日本には介護関係者があふれています。近所にも住んでいるはずですし、友人を辿《たど》っていけばすぐに探しあてられると思います。

介護は介護保険という公的制度で行われています。でもそれを実際に担《にな》っているのは一人ひとりの介護関係者です。ですから「いい人」を見つけることが「いい介護」「いい施設」と巡り合うことのいちばんの近道です。

担当の要介護老人を、自分が雇われている事業所の利益のための手段にしてしまうケアマネもいます。逆に、自分のことのように一緒に悩んでくれるケアマネもいます。

周りの人の評判を聞いてみてください。もっといいのは会ったときの印象です。相性が合うかどうか、つまり価値観が似ているかどうかも、「いい介護選び」の大事なポイントです。

第3章

入所以外の利用ができる施設でのサービス

Q16

デイサービス、デイケアはどんな施設で受けられますか。

同居している舅《しゅうと》（88歳）に要介護認定を受けてもらおうと思っていますが、イヤがって受けてくれません。一日中家にいられるので、気の休まる暇がない毎日です。

主人からも言ってくれるように頼んだところ、「介護保険サービスが使えるようになったらどうなるのか、親父のメリットを具体的に話さないと受けてはくれないだろう」と言われました。

私が利用してほしいのは、昼間預かってくれるサービスです。どんな場所で預かってもらえるのか教えてください。

A

デイサービス（通所介護）とデイケア（通所リハビリテーション）の2種類があります。まずはその違いを覚えましょう。

2つに共通しているのは、送迎があること、バイタルチェックをしてくれること、短時間利用タイプ以外は昼食やおやつが出ること、排泄ケアや水分補給や口腔ケアをしてくれること、曜日を決めて入浴させてくれることなどです。違いとしては、そのほかの時間に**デイサービスではレクリエーションを行い、デイケアではリハビリテーションを行います。**

設置主体は、デイサービスだと社会福祉法人や営利法人が多く、デイケアで多いのは圧倒的に医療法人です。そのほか、デイケアにはリハビリの専門職や機器が必要であるなど設立のハードルが高いため、デイサービスの5分の1程度しかありません。リハビリが必要なければ、デイサービスを探しましょう。

（万人）
デイサービス
3万1570ヵ所
デイケア
6860ヵ所
3
2
1
0
デイサービスのほうがうんと多いのね
（2012年4月現在）

デイサービスでは、食事や入浴の時間以外は、
レクリエーションを行うのが一般的です

◇デイサービスとは

デイサービスは、特養のデイルームや民間事業所のデイサービスセンターなどで行われています。要介護1～5の人には1回ごとの料金が定められていますが、これは要介護度（要介護度が高いほうが高額になる）、規模（小規模のほうが高額になる）、時間（長時間預かるほうが高額になる）によって料金が異なります。このほか、食事代などは別途請求されます。

相談者の場合は、要介護認定を受けても要支援止まりかもしれませんね。要支援1か2の場合に受けられるのは、介護予防通所介護です。ここでは、要介護状態にならないためのプログラムが用意されています。**どこで行っているかは、自治体のガイドブックを取り寄せてください。**

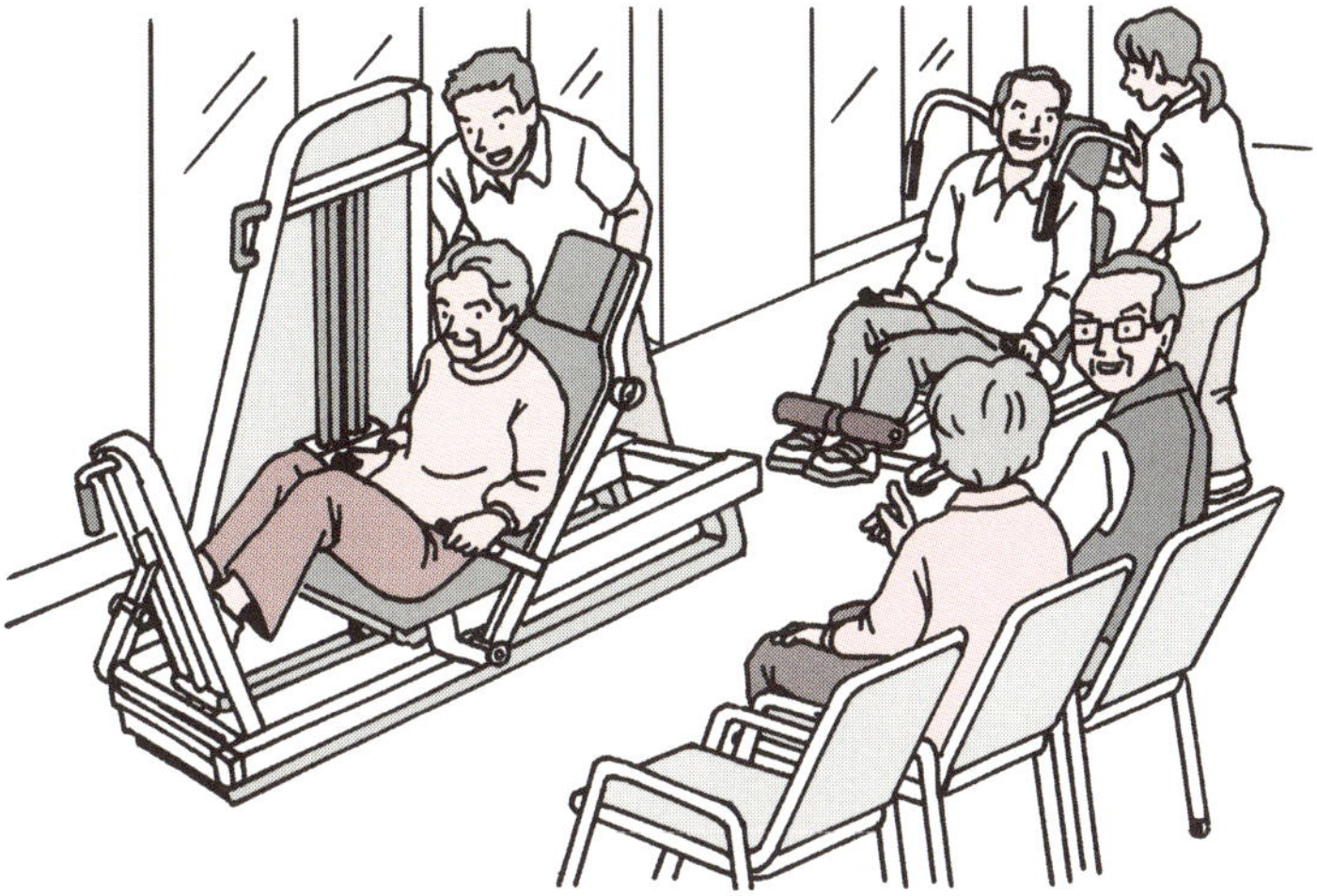
デイケアでは、食事や入浴の時間以外は、リハビリテーションを行うのが一般的です

◇デイケアとは

デイケアは、老健のデイルーム、医療機関に併設されたデイルーム、医療法人などが経営するデイケアセンターで行われています。デイサービスとの違いは、レクリエーションの代わりにリハビリテーションが受けられることです。理学療法士、作業療法士、言語聴覚士などリハビリの専門職がいて、医療的観察のもとで機能回復訓練が受けられるのです。

要支援であれば、介護予防通所リハビリになります。ここで行われるのは①運動器の機能向上、②栄養改善、③口腔機能の向上などの選択的サービスです（これらの選択的サービスは、介護予防通所介護でも行われています）。**どこでやっているかは、自治体に問い合わせてください。**

宅老所では決められたスケジュールはつくらず、各人が思い思いに過ごします。強制しないのが特徴です

◎宅老所とは

デイサービスでありながら、デイサービスセンターのような無機質な空間ではなく、**民家または民家に近い建物を使って、お年寄りを預かってくれる施設を宅老所と呼びます。**

宅老所の特徴は、介護保険サービスの使えるところは使いながら、制度の手が届かない部分は独自の有償サービスで補い、在宅生活を支える「居場所づくり」を行っている点です。

特に明確な定義はないのですが、先進的な宅老所には次のような共通点があります。

●民家なので段差があります。バリアフリーにはせず、室内では車イスからふつうの椅子やソファーへ移乗します。●昼食は、職員が介助しながらお年寄りと同じものを食べます。●決まったレクリエーションはなく、お年寄りは思い思いに過ごします。●玄関には鍵をかけず、常に地域に向けて開かれています。

宅老所はふつうの生活感を大切にしているため、デイサービスに行きたがらないお年寄りや認知症があるお年寄りも通ってくれるのが最大のメリットです。自治体のガイドブックには宅老所という分類はないので、「民家で行っているデイサービスはありませんか」と尋ねてください。

以上紹介したデイサービス、デイケア、宅老所を見学して、お年寄りが行きたがるところを探すのが介護者の役目です。理屈でメリットを語るよりも、本人の好みを大切にしましょう。

閉じこもっていてはダメ！
退院したものの
閉じこもりがちな夫
こんな体 人には 見せられん
訪問リハビリテーションのお世話になっていましたが
どんどん弱ってついに入浴ができなくなり
デイサービスに行ったら
お願いします
はーい
デイ
訪問リハビリ100回分の効果がありました
帰ったぞ！
おー
シャッキリ

Q 17

デイサービス、デイケアの良し悪しはどこでわかりますか。

首都圏に住む50代のサラリーマンです。独身で家族はいません。実家（九州）では、両親と姉の一家が同居しています。最近、認知症の兆候が出てきた父親（82歳、要介護2）が、デイサービスの利用を断られるという事件が起きました。

離れているので事情はよくわからないのですが、姉が言うには父親だけが悪いわけではなく、デイサービスにもかなり質の違いがあるのだそうです。

デイサービスの質を見分ける方法を教えてください。

A

相談者が聞きたいのは、一般論としての良し悪しですね。これはかなり難しい質問と言わなければなりません。

お父様は、なぜ利用を断られたのでしょうか。文面では「最近、認知症の兆候が出てきた」ことが原因のように書かれています。大声を出したり、暴れたり、ほかの利用者の迷惑になることをすると利用を断る事業者がいるのは確かです。おそらく認知症ケアができていないのだと思われますが、それだけでそのデイサービスが悪いとは断言できません。

定員オーバー以外の理由で利用を断るとか、認知症に対応できないデイサービスは確かに問題です。逆に言えば問題はそれくらいで、あとは本人の好みになるのです。お年寄り一人ひとりの好みは違います。第三者が基準を設けるよりも、**「本人がイヤがらずに行ってくれるところがいいところだ」と考えましょう。**

デイサービスは過当競争状態です。いいケアをしなければ利用者が集まらない時代を迎えつつあります

通所サービスのありがたいところは、送迎があることです。遠方であっても、送迎してくれれば通わせることができます

◇行きたくないと言われたら

ここでもう一度、通所サービスのメリットを押さえておきましょう。**本人にとってのメリットは、加齢や障害によって起こりやすい「引きこもり」が解消され、生活空間が広がり、デイへ行く曜日が決まると生活にリズムができることです。**

家族にとっても、大きなメリットがあります。介護が必要な人を日中預かってもらうことで、**買い物や用事のために外出できるなど、限られた時間であっても介護から離れられるのです。**

そのため「あんな子どもだましのところには行きたくない」などと拒否されると、家族は困ってしまいます。公的介護サービスがない時代に育ったお年寄りは、家族以外の人に介護されることを嫌うケースが少なくありません。

大きなデイサービスセンターでは落ち着かない認知症の人でも、古い民家を使った宅老所だと落ち着くことがあります

そういうときは、とにかくあの手この手を試してみましょう。デイサービスにおけるレクリエーション、デイケアにおけるリハビリテーションは、事業者ごとにいろいろと工夫を凝らしているので、いくつも見学してみることです。そのうち本人が「ここなら行ってみたい」と思う通所先が現れないとも限りません。

認知症のお年寄りは、大きなデイサービスセンターよりも、民家を使った宅老所のほうが向いているものです。また、まったく「病識」がないお年寄りであれば、「介護を受けに行く」のではなく、「おしゃべりをしに行く」「お手伝いに行く」「給食を食べに行く」「習い事をしに行く」といった言い方のほうがスムーズにいくかもしれません。

そこでのイベントやスタッフを好きになってもらうことが、長続きのコツです。

プライドの高い男性のお年寄りは、短時間の内容特化型デイサービスが向いていることがあります

◇短時間の内容特化型も

「介護を受けに行く」ことを嫌うお年寄りは少なくありません。そういう人には、短時間（3時間程度で食事なし、入浴なし）の小規模デイサービスが効果的です。

そこでは、足湯、マッサージ、麻雀、アロマ教室など特定のレクリエーションに特化していて、「毎週マッサージに通っている」「○曜と○曜はアロマの日」などと、介護以外に言い換えることができるのです。そのため、介護嫌いでプライドが高い男性利用者の人気も集めています。

短時間であっても決まった曜日に外出してくれると、介護をしている家族は予定が立つのでありがたいものです。それをきっかけに引きこもりが解消され、朝から夕方までのデイサービスに行ってくれるようになった、という例もあります。

男性の要介護者で家族の力では入浴介助が困難なケースでは、入浴を理由にデイサービスを利用するチャンスと考えましょう。自宅の浴室をバリアフリーに改装する必要はありません。できるだけそのままにしておいて「入浴のため」一辺倒でデイサービスへ行ってもらうのです。入浴を売り物にしている施設を見つけられれば申し分ありません。

デイサービスとデイケアは、お試し利用ができません。面倒でも契約を結んで試しましょう。要介護であれば1日だけの契約もできますが、要支援であれば1ヵ月ごとの契約です。

大人数のメリットも
なるべく少人数のデイのほうがいいですよね？
いやそうとは限りません
人数が多いとレクリエーションが盛り上がったり
風船バレー
頭シャッキリグループ
似た生活リズムの人を集めれば気兼ねしません
食べるのゆっくりグループ
人数よりもケアの中身や質を重視して選びましょう
わかりました

Q 18

ショートステイはどんな施設で受けられますか。

昨年から義母を引き取って同居が始まりました。まだ70代で要支援1の義母は、介護保険サービスは使っていません。ところが、遠方に住む私の母親が急に入院し、妹からSOSの知らせが来たのです。私の実家では父親が認知症、近くに住む妹も夫の母親を介護しています。

しばらく実家に帰りたいのですが、義母を預けるところがありません。ショートステイはどこで行っていて、どうすれば利用できるのか教えてください。

A

それは大変ですね。同居しているお義母様は要支援1だそうですが、ケアマネジャーはいらっしゃいますか。

契約しているケアマネジャーがいればその人に、いなければ近くの地域包括支援センターに問い合わせてください。相談者が住む地域のどの事業者がショートステイを行っているか、どうすればショートステイを利用できるかを教えてくれるはずです。

ケアマネジャーがいない場合は、ケアプランが組めません。要支援者のケアマネジメントは地域包括支援センターが担当してくれるので、早急に手続きをしてサービス利用の体制をつくりましょう。

ショートステイは、急に利用したいと思ってもなかなか空きがないものです。一刻も早く実家に帰りたいのなら、**ショートステイに限定せず、高齢者を預ける方法全般を地元の専門家に相談してください。**

福祉系の施設を利用するのが短期入所生活介護です。要支援の人は、介護予防短期入所生活介護を受けられます

◇短期入所生活介護とは

通所介護が福祉系と医療系でデイサービスとデイケアの2つに分かれていたように、ショートステイも福祉系の短期入所生活介護と医療系の短期入所療養介護の2つに分かれます（通称はどちらも同じショートステイです）。

短期入所生活介護は、特養など福祉系の施設に併設されていたりします。たとえば100床の特養が10床のショートステイを併設していた場合、ショートステイの利用者は別フロア（または別ユニット）で食事や入浴、排泄など日常生活の世話やレクリエーションを受けますが、見た目は特養の入所者と少しも変わりません。一時的にその特養へ入所したと考えてもいいでしょう。

施設の形態には、特養など入所施設に設けられた「併設型」のほかにもショートステイ専門の「単独型」、入所施設の空きベッドを利用する「空床利用型」があります。どのタイプでも、日中はリビングルームで過ごし、夜は個室（あるいは多床室）で就寝するのは同じです。入所者と異なる点は、利用料金が1日単位で決められていることぐらいしかありません。

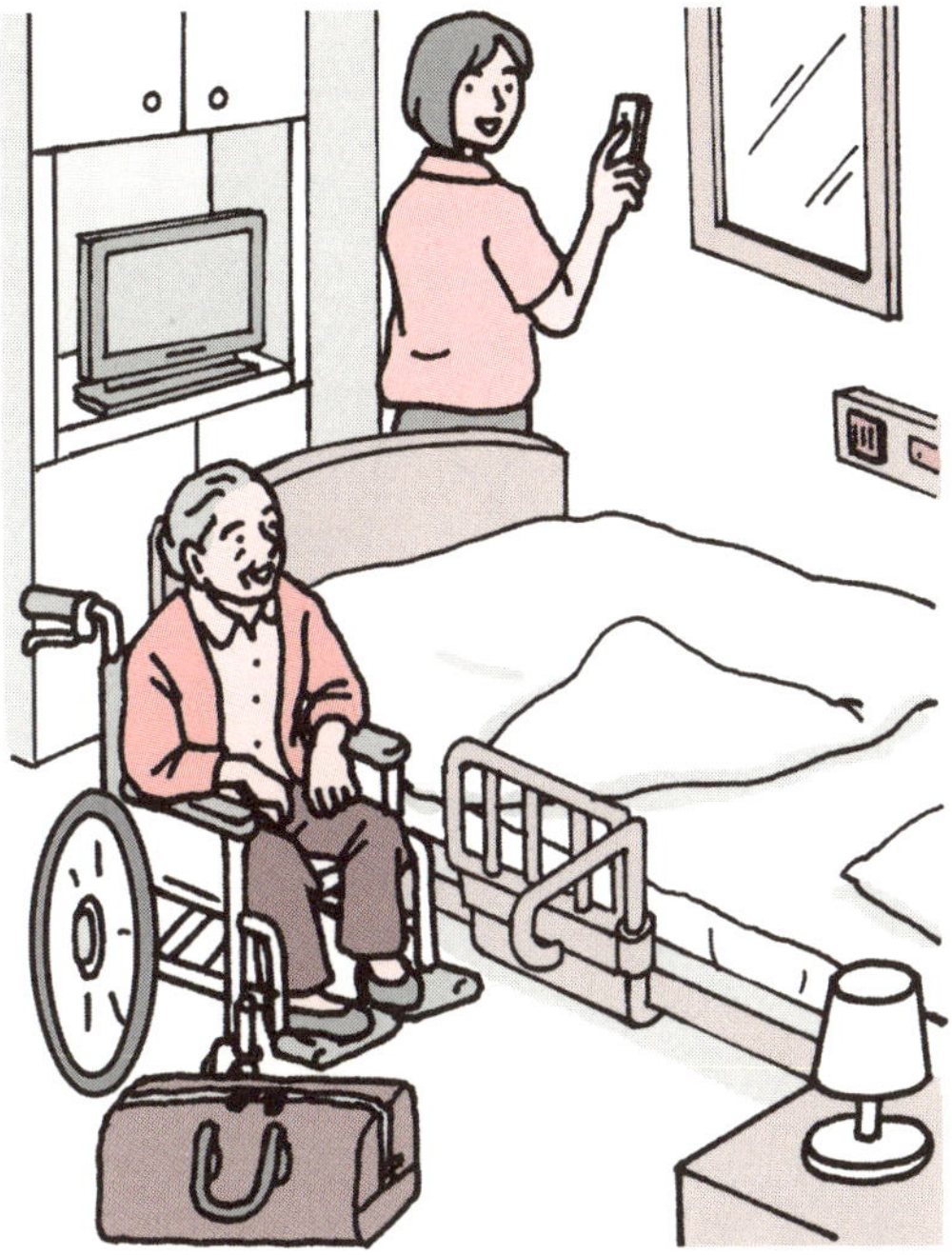

2005年から、ショートステイも滞在費、食費が自己負担になったので、家賃を払っている人は二重払いになります

ショートステイを利用するにはケアプランが必要なので、通常はケアマネジャーに頼んで1〜3ヵ月前から予約します。しかし、相談者のような緊急利用も、空きベッドさえあれば可能です。

期間は1泊2日から最長で連続30日までですが、1年間のうち合計6ヵ月を超えてはならないというルールもあります。また、1回の利用は1週間までと決めている自治体もあるようです。

医療系の施設を利用するのが短期入所療養介護です。要支援の人は、介護予防短期入所療養介護を受けられます

◇短期入所療養介護とは

医療系の施設に併設されているショートステイです。施設の形態としては、老健に併設されているもの、療養病床に併設されているもの、診療所に併設されているもの、認知症疾患療養病床に併設されているものなどがあります。また、「併設型」のほかに「空床利用型」もあります。

短期入所療養介護の特徴は、看護や機能訓練などの医療的ケアを受けられる点で、デイサービスよりもデイケアに通っているお年寄り向けのショートステイです。特に、持病があるために夜間も医療的管理下にいなければ心配なお年寄りに向いているショートステイと言えます。

そのほか、ケアプランが必要であることや利用できる日数などは短期入所生活介護と同じです。

ショートステイは、福祉系も医療系も料金体系がとても複雑にできています。介護保険費用は1日単位ですが、①要介護度（要介護度が高いほど高額）、②施設の種類（福祉系より医療系が高額）、③居室のタイプ（多床室、従来型個室、ユニット型準個室、ユニット型個室の順に高額）によって決まります。そのため、どの部屋に入るかが決まらなければ利用料はわかりません。

介護保険の料金以外に、滞在費、食費、日常生活費などが必要です。全部でいくらになるか知っておきましょう

ショートステイは、連続利用ができると言っても、要介護度が高くない人はすぐに利用限度額を超えてしまいます。**超過分は全額自己負担になるので、注意が必要です。**

半月から20日程度利用する場合は、月をまたいで利用しましょう。介護保険は月ごとの計算なので、限度額を超える心配が少なくなります。それでも同じ月の中でほかのサービスを使っている人は、ケアマネジャーへの確認が必要です。

Q 19

ショートステイの良し悪しはどこでわかりますか。

55歳の主婦です。まもなく80歳になる母親（要介護3）を初めてショートステイに預けたところ、1週間で褥瘡《じょくそう》（床ずれ）をつくって帰ってきました。リビングにいたほかのお年寄りが恐くて、なかなか個室から出なかったのだそうです。

日中離床は介護のイロハなのに、と腹が立ちます。それに、ＡＤＬ（日常生活動作）もひどく落ちているのです。

どうしてこんな質の悪い介護事業所が存在できるのでしょうか。事前に見分ける方法があれば教えてください。

A

80歳、要介護3で初めてショートステイを利用したということは、かなり在宅介護を頑張っていらっしゃる方なのですね。

まず、そのことに頭が下がります。在宅介護は1対1が基本ですから、介護事業所の日中3対1、夜間10対1といった人員配置では手が足りないことが多く、行き届いた観察もできていないのでしょう。**相談者のように熱心な在宅介護者が怒るのも、もっともな現状があることは十分承知しています。**

そのうえで申し上げるのですが、相談者が怒りを感じた事態は、ショートステイではよくある話です。この程度の事業者は、中くらいのランクだと思ってください。褥瘡をつくることや、日中離床させられないのは明らかな介護力不足ですが、問題はそのことではないのです。**「供給不足にあぐらをかいていないかどうか」が個々のショートステイの質を決めます。**

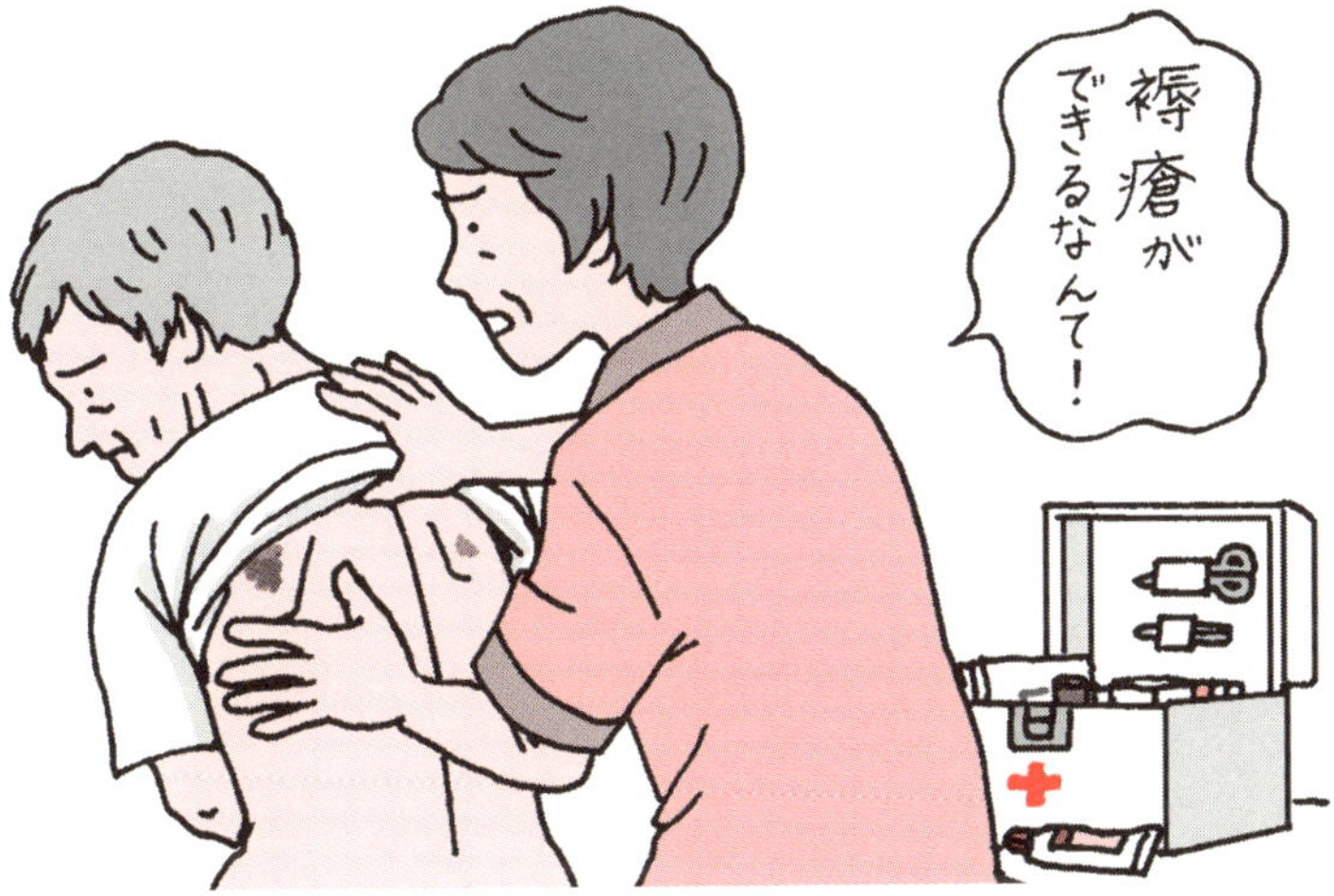

「預かってもらえるのなら仕方がない」と、在宅介護者はショートステイに不満があっても我慢しがちです

◎ショートステイの光と影

ショートステイに入れると、少なからぬお年寄りは心身の状態がダウンして帰ってきます。安全優先で何もさせないために身体的にはADLが落ちてくるでしょうし、精神的には居室に生活感がないために認知症の進行が心配です。

それでも、ショートステイにすがらざるをえない在宅介護者は枚挙にいとまがありません。ある介護者は、配偶者を1週間利用させている間に冷凍食品を買いこんで、ひたすら寝るのだと話してくれました。それほど家族は疲れているのです。

都市部では、ショートステイは常に満床で、申しこんでもなかなか取れません。そのため、質の悪いケアを非難すると「イヤならほかへどうぞ」と開き直る事業所もあります。立場の弱い家族は

「預かってもらえるのなら」と多少の不満はグッと飲みこみがちです。それではいけないので、**口コミなどで事業所の質をしっかりチェックし、ケアや対応が悪いところの利用は避けましょう。**

ショートステイの使い方は、在宅介護の成否を決定づけます。長期利用すると本人も落ち着きますし職員とのコミュニケーションも取りやすくなりますが、生活の場ではないのでレスパイト（介護者のための休息）の長期化は問題です。※短期利用をくり返して、ゴールの見えない在宅介護を上手に乗りきるほうがいいでしょう。環境が変わることでダウンしたお年寄りの状態をその都度上げながら在宅を維持するのは大変なことですが、是非頑張っていただきたいと思います。

介護を続けるために
夫の介護をしています
はい 立つよ
限界が来ると
ちくしょうっ
トイレの失敗
ショートステイを利用することにしています
ショートステイの間はとにかく眠ります
スヤスヤ
介護の心配をせずに眠れる貴重な機会ですし
また介護を頑張るための大切な充電時間です
おかえりなさい

※長期利用は「ロングショート」と呼ばれていますが、この名称自体が矛盾した用途を示しています

Q 20

小規模多機能はどんな施設で受けられますか。

都市部に住む50代の男性です。田舎では、年老いた母親がデイサービスやヘルパーの利用で何とか独居を続けています。私も半年に1度は帰省していますが、とても遠距離介護とはいきません。母親は自宅に住み続けたがっていますので、施設に入れるのはかわいそうです。知人から「お母さんの住む町に、小規模多機能はないか調べてみたら」と言われました。

小規模多機能とはどんなサービスで、どこで受けられますか。

A

正式名称は、小規模多機能型居宅介護、住んでいる市区町村の住民しか受けられない地域密着型サービスの一つです。

このサービスは、小規模多機能型施設が行っています。お母様の住む地域にあるかどうかは、ご実家がある町の役所（介護保険課など）に電話をかけて聞くか、役所のホームページで調べるといいでしょう。ホームページに掲載されていなければ、介護事業所検索「介護サービス情報公表システム」（31頁参照）というサイトで調べることができます。

利用者は、小規模多機能を行っている事業者に登録し、そこのケアマネジャーにケアプランを立ててもらうことが必要です。すると、**1カ所で通い（デイサービス）、訪問（ホームヘルプ）、泊まり（ショートステイ）を組み合わせたサービスが受けられ、顔なじみのスタッフから在宅生活を支えてもらえます。**

住所地の市区町村
通い
訪問
ショートステイ
あ！〇〇市にもあるんだ！電話してみよう

小規模多機能型居宅介護とは

登録定員 25 人以下、通いの定員 15 人以下／日、
泊まりの定員 9 人以下／日

自宅
訪問
通い
小規模多機能型施設
小規模多機能のケアマネジャーが一元管理でケアプランを考えてくれるので、臨機応変な対応ができます
泊まり
ケアマネジャー
通い

登録定員25人のうち、通いの定員は1日15人以下です。
この範囲に入れば、月に何回でもデイサービスに行けます

◎通いのサービス

小規模多機能型施設に通って日中介護を受ける、いわゆるデイサービスです。ふつう送迎してくれますが、かならずあるわけではなく、遠方だと数百円の別途料金を設定している事業所もあります。一般的なデイサービスでは、朝の送り出しの準備ができないとお迎えを受けられませんが、**小規模多機能のスタッフは家の中まで入って支度を手伝ってくれるのです。そのため、介護者のいない家庭でもデイサービスが受けられます。**

施設へ着いたら、バイタルチェック、希望者への入浴、昼食、おやつ、レクリエーションなどがあるのは、一般的なデイサービスと同じです。事例は少ないと思いますが、小規模多機能には通いの途中でドライブにも行ける自由さがあります。

必要に応じて、日中や夜間の訪問介護を受けられます。
定額制なので、料金を気にする必要はありません

◇訪問のサービス

いわゆる訪問介護を自由に受けることができるのも、小規模多機能の魅力の一つです。施設では管理者一人に加え、通いの利用者3人に対して介護スタッフ一人、訪問スタッフ一人、夜間スタッフ2人が配置されています。**夜間に2人いるのは、一人は夜間でも訪問に出られるような体制にしておくためです。**

日中、登録定員25人のうち15人がデイサービスに来ているとすると、自宅には10人の登録者がいます。これを訪問スタッフが一人で回るのは、さほど困難なことではありません。

また、**自宅にいる登録者にはスタッフが電話をかけて安否確認を行ったり、訪問の必要性を問い合わせたりすることもできるのです。**

登録定員25人のうち、泊まりの定員は1日9人以下です。この範囲に入れば月に何回でも泊まれますが、宿泊代は別途かかります

◇泊まりのサービス

小規模多機能が便利なところは、急なサービス内容の変更にも対応できることです。たとえば、日中通いのサービスを受けて帰る予定だったお年寄りが、時間を延長して夕食までお世話になったり、そのまま泊まりにしてもらったりすることができます。**介護者がいる家庭でも、急な泊まりに対応してくれるサービスはありがたいものです。**

小規模多機能の費用（介護保険の1割負担分）は、要介護度に応じた定額制なので、月額の予想が立ちます。ただし宿泊代は別料金なので、毎晩のように泊まっていると出費が大変です。

宿泊代以外にかかる自己負担分としては、食事代（朝食、昼食、夕食）、おやつ代、オムツ代、理美容代、私物の洗濯代などがあります。

Q21

小規模多機能の良し悪しはどこでわかりますか。

40代の介護職です。先日、私の住む市内の小規模多機能型施設でちょっとした事件がありました。登録者の一人が仲間外れにされ、過少サービスに対する減算というペナルティを受けたのです。

その事業者は以前、ある独居の利用者をほぼ毎日泊まらせ、「自己負担額が多すぎる。認知症につけこんだ悪質商法だ」と親戚から訴えられたこともあります。

小規模多機能の良し悪しは、どう考えればいいのでしょうか。

A

小規模多機能型居宅介護という名称に端的に表れているように、このサービスは在宅支援でなければなりません。

目的は利用者の在宅生活を継続させることなので、独居で引きこもりがちなお年寄りが孤立しているからといって連泊させ、地域から引き離して囲いこんではいけないのです。逆に小規模多機能のスタッフは、自宅で暮らす利用者が近隣とうまく折り合うための媒介とならなければなりません。

小規模多機能は登録定員が25人までと少人数なので、**登録すると事業者から常に気にかけてもらえるというメリットがあります。**相談者が見聞きしたような過少や過大なサービスでなく、利用者のニーズに基づいたバランスのいいサービスが求められるのです。良質な事業者さえ見つかれば、独居や老老世帯であっても安心して暮らし続けることができます。

メリット	デメリット
●住み慣れた地域で在宅生活を継続できる ●いろいろな事業者と契約しなくてすむ ●通い、訪問、泊まりを臨機応変に選べる ●いつも顔なじみのスタッフに対応してもらうことができる	●なじみのケアマネジャーとの関係が切れる ●どこかに不満があっても、そこだけ他の事業者を使うことはできない ●地域にこのサービスがないと利用できない ●泊まりが多くなると自己負担額が多くなる ●施設に入所すると登録解除になる

◇在宅生活の継続を支援してくれる事業者でなければならない

多くの介護本では、小規模多機能を説明するときに「通いを中心に、訪問と泊まりのサービスを受けることができる」と書いています。国もそう指導しているのですが、**良心的な小規模多機能型施設ほど、訪問に力を入れているものです。**

ある小規模多機能のスタッフたちは、利用者と地域とのつながりをつくるのも自分たちの仕事と考えています。そのため、訪問したらかならず近所に挨拶《あいさつ》をし、高齢になると孤立しがちな利用者の人間関係を再構築しているのです。

たとえば、お年寄りの独居は嫌われます。「火事を出さないか」と心配されている利用者の台所にスプリンクラーを設置し、近隣の住民に独居へ

の理解を求めるのもこうした小規模多機能のスタッフたちです。

ケアプランに書いてあるからするのではなく、登録された利用者の自宅には、時間があれば自ら訪ねて行くくらいの積極性がないと、この事業でいいケアはできません。小規模多機能は、できないことだらけの居宅サービスにおける訪問介護とは一線を画しているのですから。

介護保険を使ったサービスで困るのは、お出かけの自由がないことです。デイサービスでは、わざわざデイサービスセンターへお出かけしながらそこへ閉じこめています。お花見や散歩や買い物やドライブなど、**小規模多機能にはこれまでになかった自由なケアを期待したいものです。**

いい事業者の特徴
一般的な小規模多機能型施設は
「通い」が中心です
良心的な小規模多機能型施設は
こんにちは
元気？
「通い」だけでなく
今日は頼んでたかね？
こないだ腰が痛そうだったから様子を見に来たのよ
積極的に利用者宅を見回りするなど
食器だけ洗っておくね
いつも悪いね
訪問に力を入れています

コラム❸

入所施設を「在宅化」してしまおう

私は「認知症ケアの7原則」を提案してきました。（『完全図解　新しい介護　全面改訂版』講談社）

これは、認知症にしないための原則でもあります。そのうちの最初の3つの原則を紹介しましょう。

①環境を変えるな
②生活習慣を変えるな
③人間関係を変えるな

環境、生活習慣、人間関係を変えたことで認知症が進行した人がたくさんいました。その現場の体験から作られた原則です。そしてこれは、高齢者を認知症に追い込まないためには、在宅介護こそが適していることを示していると思います。

それでも在宅介護には限界があります。本書でも指摘しているように、日本の在宅介護を支える制度は貧弱で、ちょっとしたきっかけで施設入所にならざるをえません。

施設入所は、3原則のうちの、環境を変え、人間関係も大きく変えてしまうものです。となると、入所に伴って認知症にしないためには残る生活習慣を変えないことが大切になります。

最も大切な生活習慣とは何でしょう。毎日の食事、排泄、入浴です。私たちはこの日常生活動作を繰り返すことで、アイデンティティを確認しているのです。

好きな物をおいしく食べる、トイレで排泄する、家庭の風呂に入ってリラックスする、つまり、それまでの在宅での生活をできるだけ継続することが「入所」にあたっての最大の課題です。あなたが選んだ施設はそれに協力してくれますか？　家族の役割は施設職員と共に、「施設の在宅化」を実現することです。

第4章

いいケアをしている介護施設の探し方

Q22

私物を持ちこめる施設はいい施設だというのは本当ですか。

福祉系の大学に通っている学生です。実習で、介護施設へ行きました。ある特養では、全室個室のユニットケアをやっていて、居室も結構広いのですが、ほとんど私物がないのです。

別の機会に、有料老人ホームを見学しました。そこでは狭い居室いっぱいに、私物が置かれていました。そのことを大学の先生に話したところ、「私物を持ちこめるのはいい施設だ」と言われました。

本当に、それで施設の良し悪しがわかるものでしょうか。

A

わかります。施設を見学したら居室を見せてもらい、入所者がどれだけ私物を持ちこんでいるかをチェックしてください。

特養や有料老人ホーム、グループホームなど長期入所を前提とした施設は、お年寄りにとって生活の場なのです。多床室で一人分の専有面積が狭かったとしても、置ける範囲でなるべく私物を持ちこませるべきだと思います。雑然とするくらい私物があれば、そこは管理主義的でなく、入所者が生活の主体となったいい施設だと言えるでしょう。

入所を検討するために行う施設見学であれば、空き部屋だけでなく、入所者が住んでいる部屋も見る必要があります。私物の持ちこみはどのくらい可能か、施設の人に尋ねるのは大切なことです。

特養には、まれに経済的な事情から私物が極端に少ない人もいるので、複数の部屋を見てください。

私物は、「自分を自分たらしめる物」です。これがないと、認知症のお年寄りは見当識（ここがどこで、自分は誰か）が保てません

◇私物はいちばん役立つ介護用品

認知症のお年寄りの困った行動を書いた本の中に、「いらない物を集める」という項目があります。これには、ティッシュペーパーなど特定の物を新たに集める行為と、昔の用済みの物を捨てない行為の2種類があるものです。どちらも、家族や介護職が勝手に捨ててはいけません。無理に奪い取ったり捨てたりすると、認知症が悪化します。

認知症のお年寄りが集める物や捨てずに取っておく物は、介護の宝です。こうした物への執着を尊重すると、認知症のお年寄りは落ち着いてくれます。「私物はいちばん役立つ介護用品である」と言われるのは、そんな意味からです。

施設に入所するのであれば、なるべく私物を持ちこませてもらいましょう。衣類の入ったタンスだけ

私物をめぐるトラブルが起こったら、職員が調停しましょう。入所者同士のもめごとを嫌っていては、介護職失格です

でなく、子どもや孫の写真、亡くなった配偶者の遺影や位牌《いはい》、長寿のお祝いに自治体からもらった表彰状、孫が旅先から買ってきたおみやげ、知人からの手紙がいっぱい入った箱……。こうした私物であふれていれば、そこはいい施設です。

「他人の物を持っていく入所者がいて、トラブルになるから」と私物の持ちこみを制限する施設がありますが、それでは困ります。認知症のせいにしていますが、多くは入所者同士の相性の問題が根底にあるので、職員の観察不足が原因と言えるでしょう。トラブルになったら、職員が調停すればいいではありませんか。

認知症の人が入所する場合は、特に私物が大事です。近代的な建物の中に真っ白な壁とベッドがあるだけの部屋では、認知症の人はどこが自分の部屋かわからなくなって混乱します。

◇ホテル暮らしが落ち着かない理由

私は全国で話をして歩く仕事を始めて30年ほどになりますが、年間150泊くらいホテルを利用する生活です。ホテルは近代的で、毎日シーツを替えてくれますし、蛇口をひねればお湯が出ます。とても快適なのですが、3連泊くらいすると、寝つきが悪くなるのです。どうにも体の芯の疲れがとれない感じになります。

久しぶりに家に帰ると、シーツが古くてもぐっすり眠れるのです。

この違いは、どこから来るのでしょうか。それは、**家には個別の空間があり、私物に囲まれているからです。**私物に囲まれているとき、人は自分が自分であることを確認することができます。

健康な私たちでさえ私物がないと落ち着かないのですから、認知症のお年寄りが何もない空間で落ち着いて生活できるはずがありません。

介護施設の真っ白で無機質な空間は、認知症を深める条件に満ちた環境です。早急に私物でおおわなければ、危険でさえあります。「入所者同士のトラブルになるから」と私物の持ちこみを制限する施設がありますが、お年寄りの認知症を深めることこそ最大のトラブルなのです。

入所型の施設でありながら私物の持ちこみを制限している事業所は、管理主義的な施設運営を行っている可能性があります。みなさんが自分で入るのであれば、そのような施設に入りたいでしょうか。

私物への寛容さは、認知症のケアがわかっているかどうかを示すバロメーターです。

ここはどこ!?
ホテルで目覚めると
あれ？ここはどこだ？
記憶が戻るまで
あ、そうか 仕事で泊まったんだ
ホッ
私も少し混乱します
お年寄りが
こ、…ここはどこじゃ!?
施設で目覚めると
記憶も不確かなので
私は誰じゃ!?
あわわ…
もっと混乱します

Q 23

ベッドを見ればその施設の良し悪しがわかるというのは本当ですか。

58歳の会社員です。半年前に83歳の母親が大腿骨頸部骨折で手術をしました。今は退院して老健に入所し、良好な経過をたどっています。6ヵ月目の認定調査では要介護5から2になりました。

現在は多床室に入っていますが、そこのベッドは新しいのに1モーターなのです（上下のハイ・ロー機能のみ。2モーターで背上げするギャッチアップ機能が付き、3モーターで脚も上がる）。

この老健は、設備費をケチっているのではないでしょうか。

まずは、お母様の順調な回復おめでとうございます。２度目の認定調査では歩行状態も見たのでしょうから、リハビリが順調に進んでいるのですね。

相談者は、お母様が入院して手術するとき、あるいは手術直後の病室で、下のイラストのような医療用のベッドを見慣れてしまったのではありませんか。

医療用のベッドにはさまざまな機能が付いていますが、それらは介護には不要です。形態も幅が狭く、床から高くなっています。これは、医者や看護師が処置を行うときに両側から手が届き、中腰になって腰を痛めないように配慮されているためです。

介護施設では、このようなベッドを使ってはいけません。**狭くて寝返りが打てず、高くて足が降ろせない「医療をまねたベッド」のおかげで、これまでに多くの寝たきりがつくられてきました。**

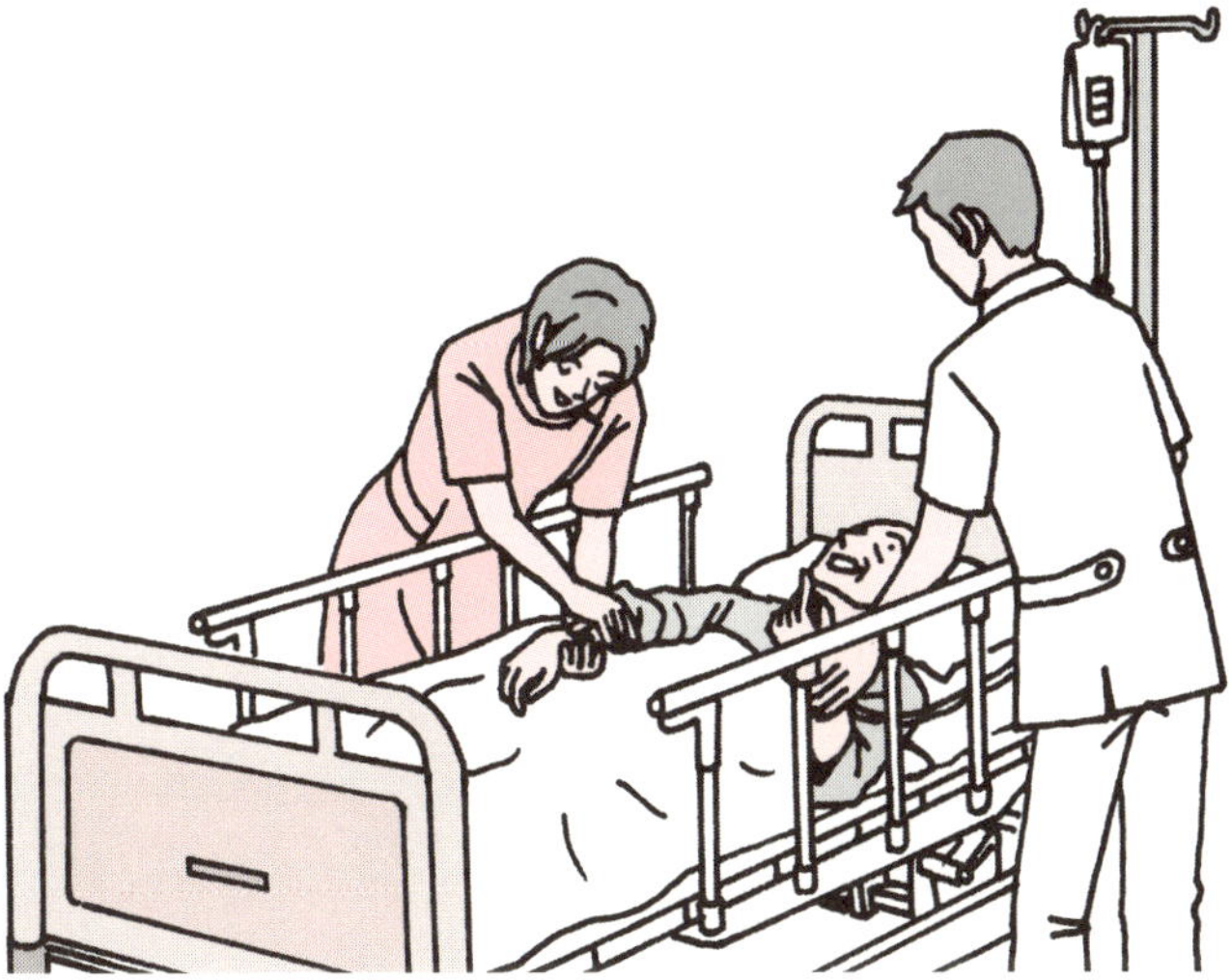

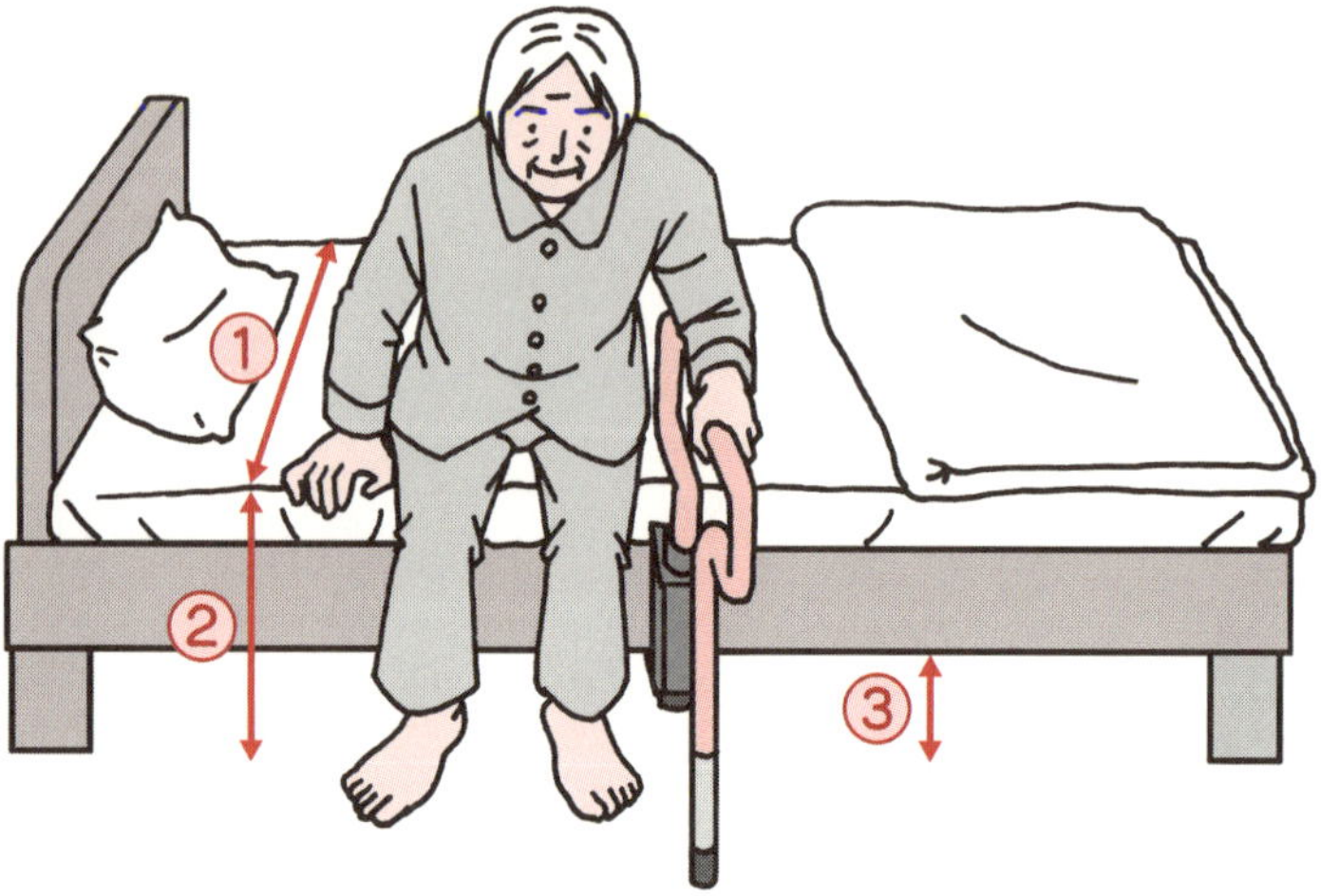

①マット幅は 100㎝以上、②マットから床まではひざから下の高さ、
③立ち上がるときに足を引けるスペース、が三大要素です

◇介護用ベッドに必要な要素

相談者のお母様のベッドは、まだ新しいのですね。そうだとすると、介護のことがよくわかっている老健である可能性があります。それを調べるには、ベッドの幅を測ってください。

ベッド幅は、最低でも100㎝、大柄な人であれば120㎝は必要です。これだけの幅があれば、安心して寝返りや起き上がりの動作ができます。100㎝というのは特別な大きさではなく、一般的なシングル幅にすぎません。それなのに介護用となると「幅広」という指定が必要です。

介護用品の多くは医療用に端を発しています。ベッドも医療モデルから出発し、かつては幅が狭く床から高い「介護用」ベッドばかりでした。しかも周囲に不要な柵を付けるためにマット幅はベッド幅

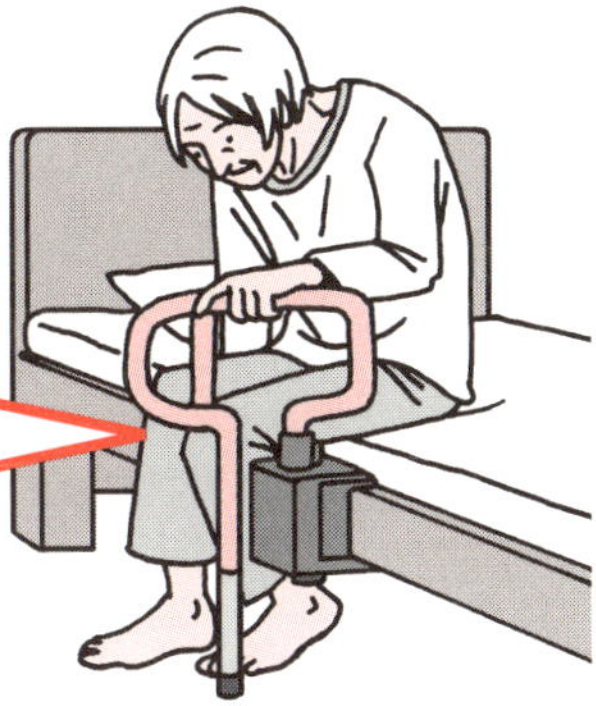

ベッドが椅子と同じ高さであれば、お年寄りは自由に立ったり座ったりできます

より7〜8㎝狭くなっています。

ベッド幅を測るときは、必ずマット幅を測ってください。もし相談者の老健が十分なマット幅を用意し、回復期用のベッドにはギャッチアップ機能は不要だと判断したのであれば、そこはいいケアがわかっている施設です。

なぜ、十分なベッド幅があればギャッチアップ機能はいらないのでしょうか。ベッドが狭くても背上げをしてくれれば起き上がるのに不自由はなさそうですが、**自力で起き上がれるお年寄りを電動で起こしてはいけません。残存能力を生かさないと、どんどん衰えてしまいます。**

ただ、ベッドの高さだけは、自由に変えられる機能があると便利です。通常は腰かけたときにひざが直角に曲がる高さに設定し、立ち上がりが不自由なときは少し高くすると楽に立てます。

若い人は腹筋を使って直線的に起き上がりますが、お年寄りは体を横向きにして片ひじ立ちで起き上がります

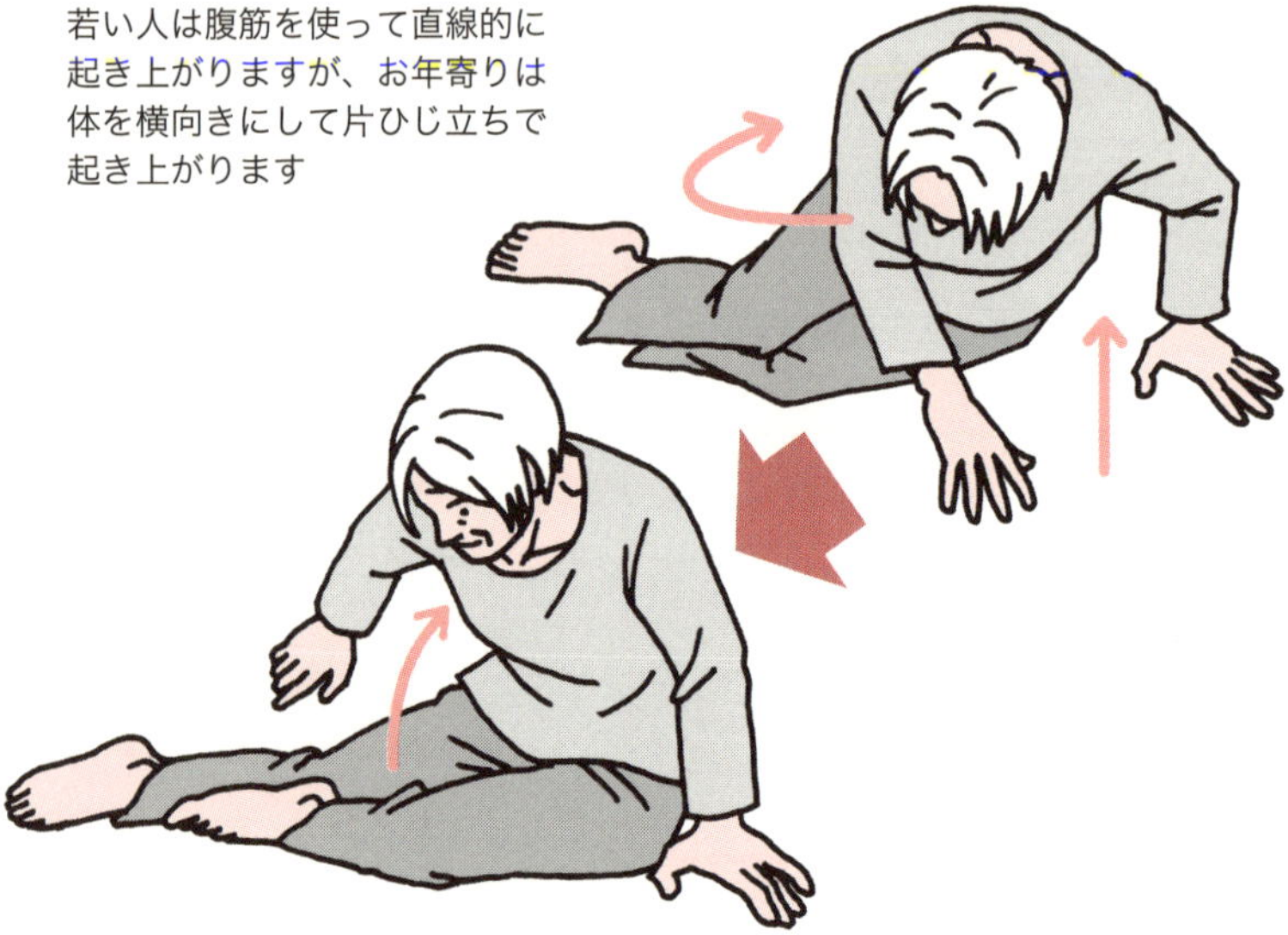

◇起き上がれるベッドかどうか

脳血管障害の後遺症で片マヒになったお年寄りの場合、狭いベッドでは絶対に起き上がれません。**体を健側（マヒのない側）へ十分横に向け、下になった腕のわきの下を90度くらいまで開き、上のイラストのように片ひじ立ちを経由しなければ起き上がることができないのです。**

介助するときも、この動きを支えるように介助します。ベッドが狭いと、わきの下を開いたらひじから下が空中に出てしまうので、自力で起き上がれない人をたくさんつくってしまうのです。

このように、**自力で寝返りや起き上がりができるベッドを使うことは、褥瘡をつくらないためにも欠かせません。** 褥瘡を防ぐにはベッドにエアマットを敷けばいいと教える介護教室や介護本が

ありますが、これは間違いです。やわらかなエアマットを使うとまるで拘束されたように寝返りや起き上がりの機能が奪われ、かえって褥瘡をつくってしまいます。お年寄りが退院して在宅介護が始まると、狭いベッドとエアマットをペアにして持ちこむケアマネジャーがいますが、こうなると起き上がりができず、寝たきりになって、かえって褥瘡ができるのです。

当然、ベッドに使われるマットも硬めでなければなりません。安静時のマットはやわらかいものがいいと言われますが、**自立を助けるための介護用ベッドは、片ひじ立ちがしやすい硬めのマットが適しています。**選ぶ目安は、マットの上を安心して歩ける硬さです。

知識の浅いケアマネも
在宅介護で担当の
ケアマネさんがハズレだと
担当の○○です
私たちは全くわからなくて…
そうですよねー
家族
ベッドはこの程度で大丈夫
エアマットを置くといいですよ
エアマット
ベッド
数カ月後
すっかり寝たきりになっちゃったな
うわ!すごい褥瘡

Q24

椅子を見ればその施設の良し悪しがわかるというのは本当ですか。

以前、特養のデイサービスで働いていた50代の主婦です。

家の近くに新しいデイサービスができたので、先日面接に行ってきました。そこは元リサイクルショップの倉庫を改造してできたデイサービスセンターでしたが、残されていた家具類を使っているので、テーブルや椅子がバラバラなのです。

特に気になるのが、テーブルの位置が高すぎることと、事務用の椅子が使われていることでした。就職したら私が改善するしか方法がないようですが、どのように改善すればいいでしょうか。

A

相談者が心配しているように、どんな椅子を使っているかは、ケアの質に関わります（テーブルについては後述）。

やるべきことは明白です。デイサービスを利用しているお年寄り全員の下腿長《かたいちょう》（ひざの内側のもっともくぼんでいる位置からかかとの先、床に着く位置までの長さ）を室内履きをはいた状態で測るのです。次に椅子の座面から床までの高さを測り、椅子の高さをお年寄りの下腿長にそろえなければなりません。

これは大変な作業なので、職員全員で取り組む必要があります。相談者が就職してすぐに提案しても、簡単には受け入れてもらえないでしょう。**全員が理解して取り組むには、レベルアップするための勉強会を行わなければなりません。**デイサービスの責任者に椅子の大切さを話し、改善するつもりがなければ就職自体を取りやめることをおすすめします。

◇生活に対する考えが椅子でわかる

相談者の期待には添えるかどうかわかりませんが、施設がどんな椅子をそろえているかはお年寄りの生活をどう考えているかを示す大切なことなので、一般論として説明させていただきます。

お年寄りがデイサービスに来るということは、自宅から出て日中を活動的に過ごしてもらうということです。入所施設であれば、居室からリビングや食堂に出てもらうことにほかなりません。そこに安定した座位をとれる椅子がないと、落ち着いた生活はできないのです。

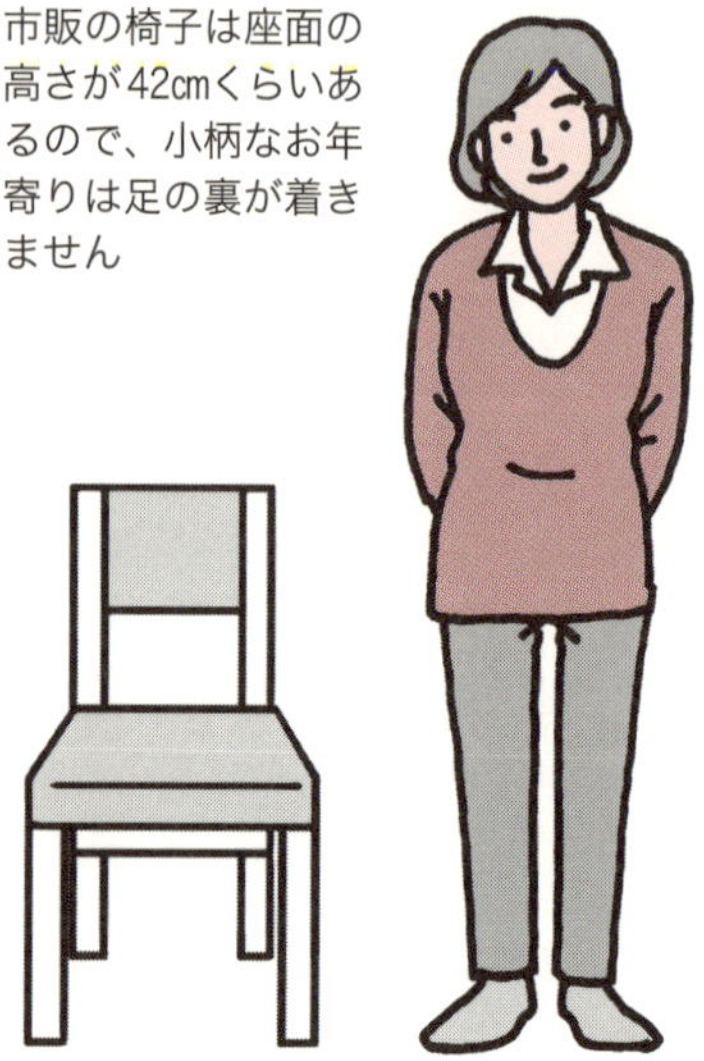

市販の椅子は座面の高さが42㎝くらいあるので、小柄なお年寄りは足の裏が着きません

安定した座位をとってもらうためには、立ち座りのときに前かがみになってもらえることと、両足がしっかり床に着くことが必要になります。それには、椅子がお年寄りの体に合った高さになっていなければなりません。

お年寄りの集まる介護施設の椅子は、深く腰かけられること、背もたれが付いていること、座位が不安定なお年寄りにはひじかけが付いていること、立つときに足が引けること、などが必要で

お年寄り用にするには、市販の椅子の脚を切りましょう。36、38、40㎝の３種類にして、シートを色分けすると便利です

す。こうした条件は市販の椅子でも満たせますが、座面の高さが問題になります。座面はお年寄りの下腿長と同じ高さでなければならないので、椅子の脚を切ることが必要です。

ユニット型の特養やグループホームなど同じ椅子を同じ利用者が使えるのであれば、椅子は一人ひとりの下腿長に合わせて切り、専用にしましょう。デイサービスなど日によって利用者が変わる施設では、上のイラストのようにいくつか用意するといいでしょう。**日本のおばあさんの下腿長は平均すると38㎝くらいなので、36、38、40㎝と3種類の椅子が用意されている介護施設であれば申し分ありません。**

このように椅子にこだわるのは、車イスから移乗して日中を過ごしてもらうためです。日中を車イスのまま過ごす施設は、論外と言えます。

◇テーブルが低いことも大切

椅子だけではなく、椅子とセットになるテーブルの高さも大切であることは当然です。テーブルは、お年寄りが体に合った椅子に座った状態でわきをしめ、ひじを直角に曲げたときにひじから先がテーブルの上に水平に乗るくらい低くなければなりません。

このくらい低いと、お年寄りは食事のときに自然と前かがみの姿勢になれます。前かがみの姿勢で食事をすると、誤嚥《ごえん》や食べこぼしが少なくなるのです。

151頁のイラストを見てください。食堂で、歓談中のお年寄りたちを描いたイラストです。ひざを直角に曲げ、足の裏を着けて椅子に座った状態で、ひじから先がテーブルに乗っていることがわかります。

このような食堂風景が見られる施設は、いいケアが行われている可能性が高い施設です。施設見学では、ぜひチェックしてください。

適切な椅子とテーブルに座ったお年寄りを真横から見ると、テーブルがおへそのあたりに来ています。これくらいテーブルが低くないと、食事中に前かがみの姿勢はとれません。

正しい食事の姿勢を理解していない介護施設では、市販の家具をそのまま使っていますからテーブルの高さが高すぎます。椅子も高いので一見バランスがとれているかのように見えますが、お年寄りの足が床に届かずブラブラしているので危険です。日本の介護施設で7割を占めるおばあさんの体格に合わせるためには、テーブルの脚も切る必要があります。食卓の向かい側からお年寄りを見ると、生首が並んでいるように見えるようではいけないのです。

生首が並ぶ施設!?
いい施設は
ワイ
ワイ
テーブルがおへその位置
悪い施設は
ワイ
ワイ
テーブルの上に生首が並びます

Q
25

車イスの選び方と使い方を見てその施設の良し悪しはわかりますか。

50歳の独身女性です。私の母親（75歳）が特養に入所しました。脊髄の病気で生涯治らない下半身マヒとなり、病院から特養へ移されたのです。しばらく経って気づいたのですが、施設に入ると介護用品がレンタルできないのですね。支給された車イスは母親には大きすぎるので、今はクッションを入れてしのいでいます。

ほかの入所者の方を見ると、ご自分で持ちこまれた方はしっかりした車イスに乗っていますが、支給されるのは普及品の車イスです。この特養は、ダメな施設なのでしょうか。

普及品を支給しただけでダメな施設だとは断定できません。しかし、大事な問題なので早急に手を打ってください。

A

下半身マヒの人は、体に合った上質な車イスが必要不可欠です。すぐに特養の相談員を呼んで、意向を伝えましょう。施設で貸与できる上質な車イスがない場合、自費で購入しなければならないかもしれませんが、その前に「何かいい方法はないですか」と制度について質問しましょう。福祉の世界には、さまざまな助成制度があるものです。

施設の良し悪しを見るには、車イスで食事をさせていないかを見てください。車イスは安定をよくするために背もたれが後ろに傾き、シートも前方が上がっているのです。前かがみになる必要がある食事中は、食卓の椅子に移乗させなければなりません。下のような食事風景であれば理想的です。

◇移乗しやすい車イスを選ぶ

相談者のお母様は下半身マヒだそうですが、ベッドから車イス、車イスから日中を過ごすふつうの椅子に移乗していますか。病院に入院中だと看護師はそこまで手が回らないでしょうが、特養であればできるはずです。『完全図解　新しい介護　全面改訂版』（講談社）に下半身マヒの人の寝返り方法、全介助でベッドから車イスへ移乗させる方法が図解してあります。後者は車イスからふつうの椅子に移乗するときも使える方法なので、特養の介護職に見せてください。

以下は、移乗ができることを前提とした車イスの選び方です。**車イスには「座る」「移動する」という2つの機能のほかに、もう一つ大切な機能があります。それは、椅子やソファーや便座に「移乗する」という機能です。**車イスを選ぶときは、この3つの機能を見ましょう。

移乗するためには、①ひじかけが簡単に取り外せること、②フットレスト（足台）が簡単に取り外せること、の2点が必要です。相談者のお母様は自走なさらないかもしれませんが、車輪も外せて車軸の位置が変えられると、乗る人に合わせた調整がしやすくなります。

先ほど「福祉の助成制度」と言いましたが、普及品を支給されるくらいなら断ったほうがいいでしょう。助成金が出ても不十分な金額であったら、自費を足して本人に合った車イスを買うことをおすすめします。一生歩行できないのであれば、車イスで妥協してはいけません。

車イス選びのポイント

クッション

1枚ものの硬いクッションを敷いて、シートを安定させる必要があります

シート幅

広過ぎると危険。乗る人の体に合ったシート幅の車イスを選びましょう

レッグレスト

これが付いていると、お年寄りは足を引けないので立つことができません

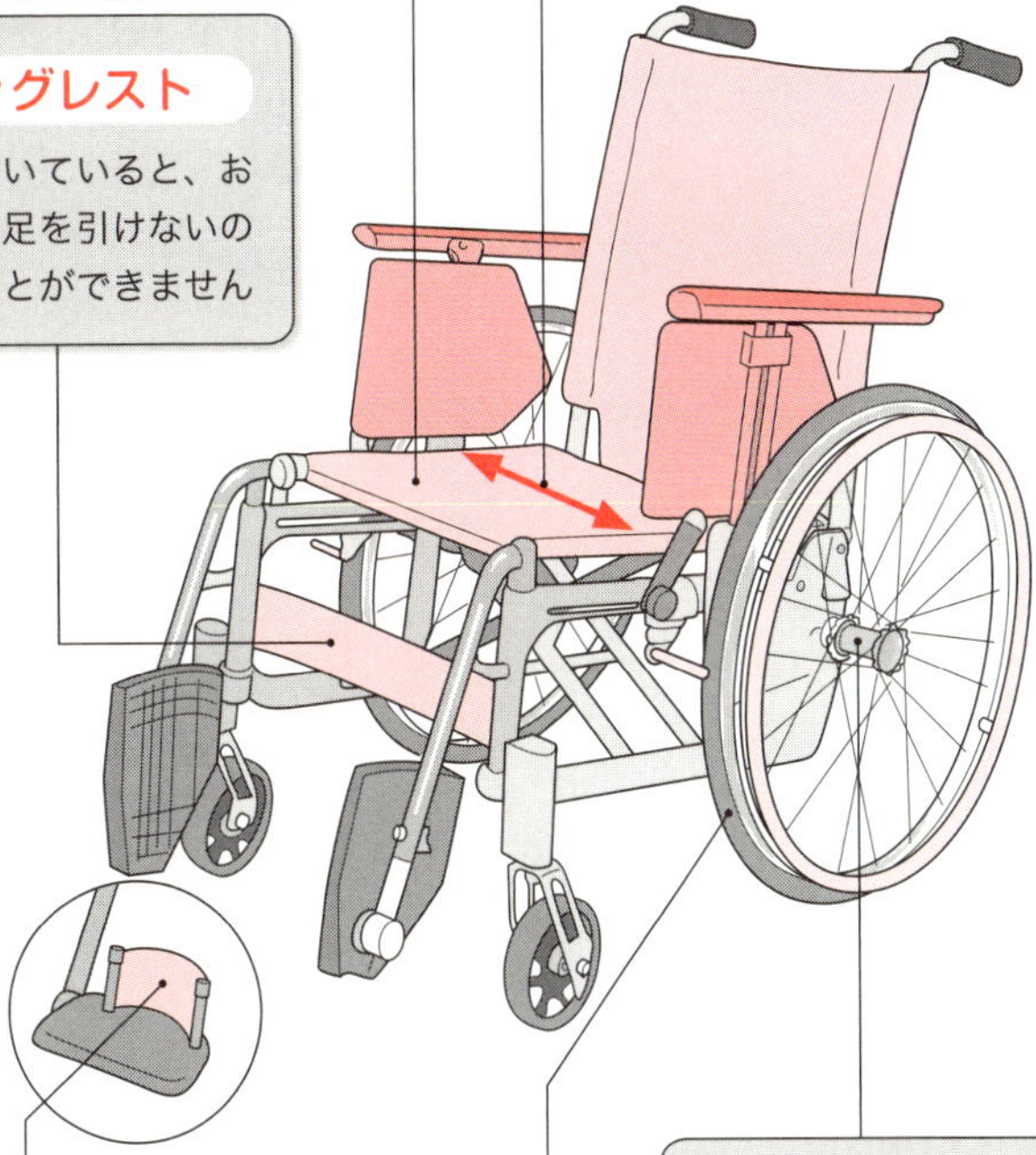

ヒールループ

レッグレストの代わりになるオプション品です

タイヤ

パンクの心配がないノーパンクタイヤであれば、空気圧の確認も不要です

車軸

車輪を外して車軸の高さや前後の位置を変えることができるモジュール式の車イスであれば理想的です

車イスにレッグレストが付いていると、足が引けないので立てません。
介護職は腰を痛め、お年寄りは自立から遠ざけられます

◇介護を知らない施設の車イスは

ダメな介護施設は、車イスが移動の道具であることを知らず、お年寄りを一日中車イスに乗せています。お出かけに連れ出してくれるのなら長時間乗っていてもいいでしょうが、リビングに車イスで放置してはいけません。**椅子やソファーに移乗させてくれなければ、そこは人手が足りないか介護を知らない施設です。**

レッグレストを付けたまま車イスを使っていないかどうかを見ることも、介護を知らない施設を見分ける方法になります。レッグレストというのはシート（座面）とフットレストの間にあるベルト状の布です（159頁参照）。

これはマヒしてぶらぶらした脚が後ろに落ちないようにする部品なので、脚がぶらぶらしていな

ければ使う必要はありません。しかし、購入すると必ず付いているので、そのまま使っている施設が少なくありません。

レッグレストを全部の車イスに付けている施設は、介護を知らない施設です。**レッグレストを付けていると足が引けませんから、立つなと言っているのと同じことになります。介護職は腰を痛め、お年寄りは自立から遠ざけられている施設と考えていいでしょう。**

両脚がぶらぶらしている人には、レッグレストを使うよりも、フットレストを外してヒールループ（159頁参照）で代用したほうが安定します。

車イスの種類

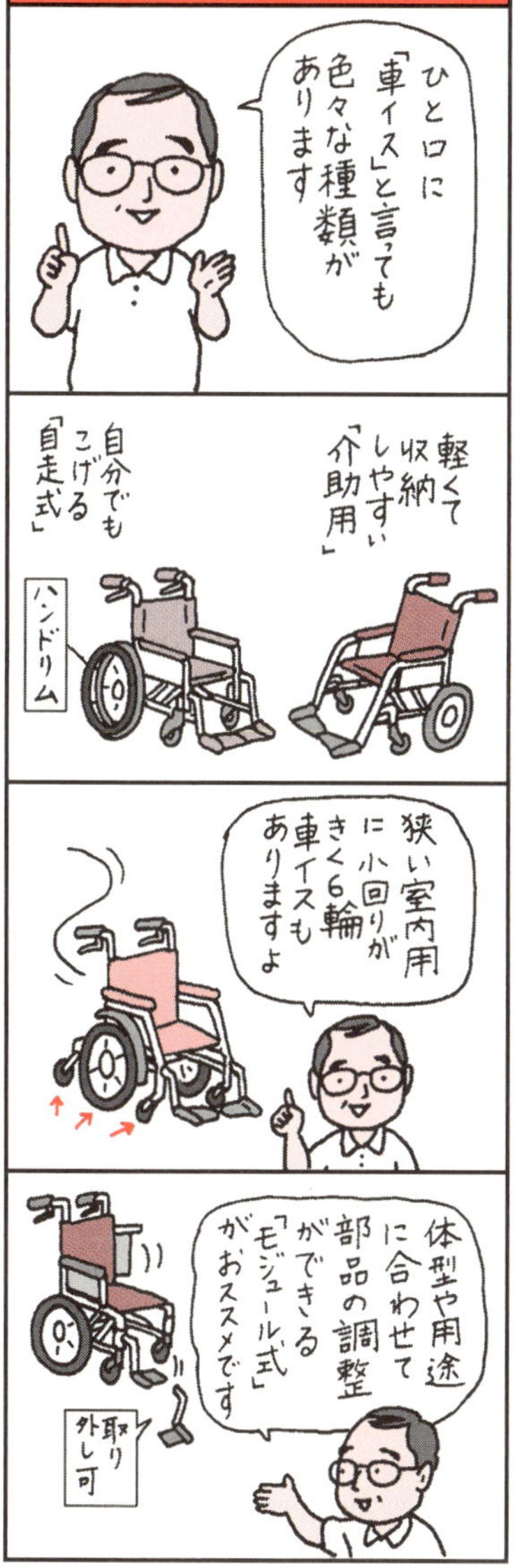

ひと口に「車イス」と言っても色々な種類があります
軽くて収納しやすい「介助用」
自分でもこげる「自走式」
ハンドリム
狭い室内用に小回りがきく6輪車イスもありますよ
体型や用途に合わせて部品の調整ができる「モジュール式」がおススメです
取り外し可

Q
26

食事に対する考え方でその施設の良し悪しはわかりますか。

33歳の主婦です。85歳の祖母が肺炎で入院したので、回復して退院が近くなった頃お見舞いに行きました。祖母はベッドにブリッジのような細長い食卓（オーバーテーブルというらしいです）を渡し、ベッドを背上げして食事をしていました。

その後、祖母は老健に入りました。面会に行くと、のけぞり座りになって、食べこぼしています。職員さんに聞くと「認知症が深くて」とサジを投げていました。なんとかならないでしょうか。

A

介護力がない老健ですね。介護のもっとも基本的なことなので、相談者が覚えて老健の職員に教えてあげてください。

食事、排泄、入浴は、どれも前かがみの姿勢になることが必要です。端座位《たんざい》（床に足を着けてベッドの端や椅子に座った姿勢）から前かがみになれなければ、食卓で食事をすることも、トイレで排泄することも、ふつうのお風呂に入ることもできません。

ベッドを背上げして食事をさせられていたお年寄りは、退院してものけぞり座り（仙骨《せんこつ》座り）になっています。介護職は、これが背上げの後遺症だと気づいて正しい座り方に導かなければならないのです。

のけぞり座りのお年寄りは、実際の障害よりもかなり重度に見えます。**安易に「この人はダメだ」と諦めず、シーティング（座位の補正）を行って正しい姿勢で食べてもらうのが介護職の仕事です。**

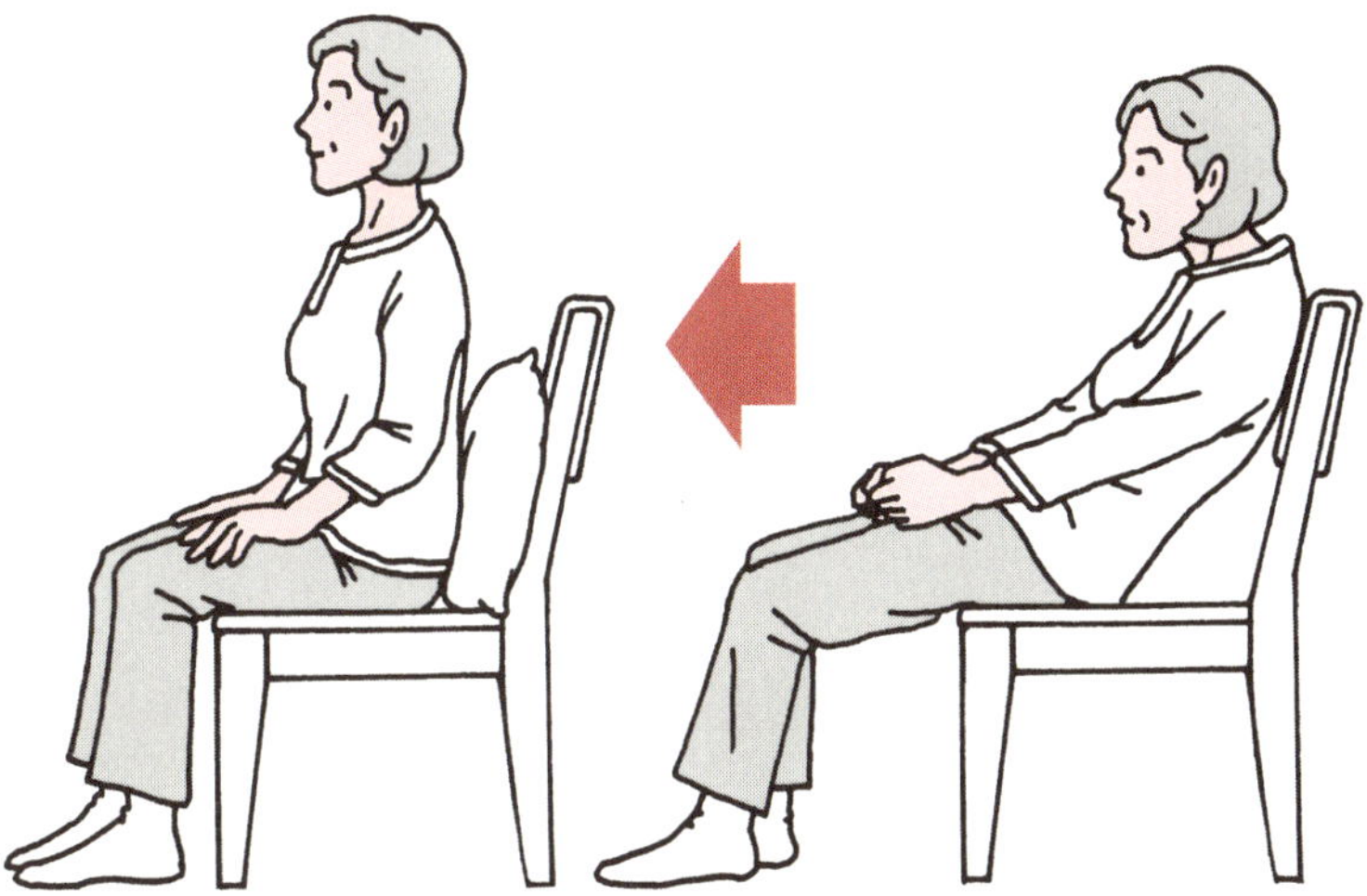

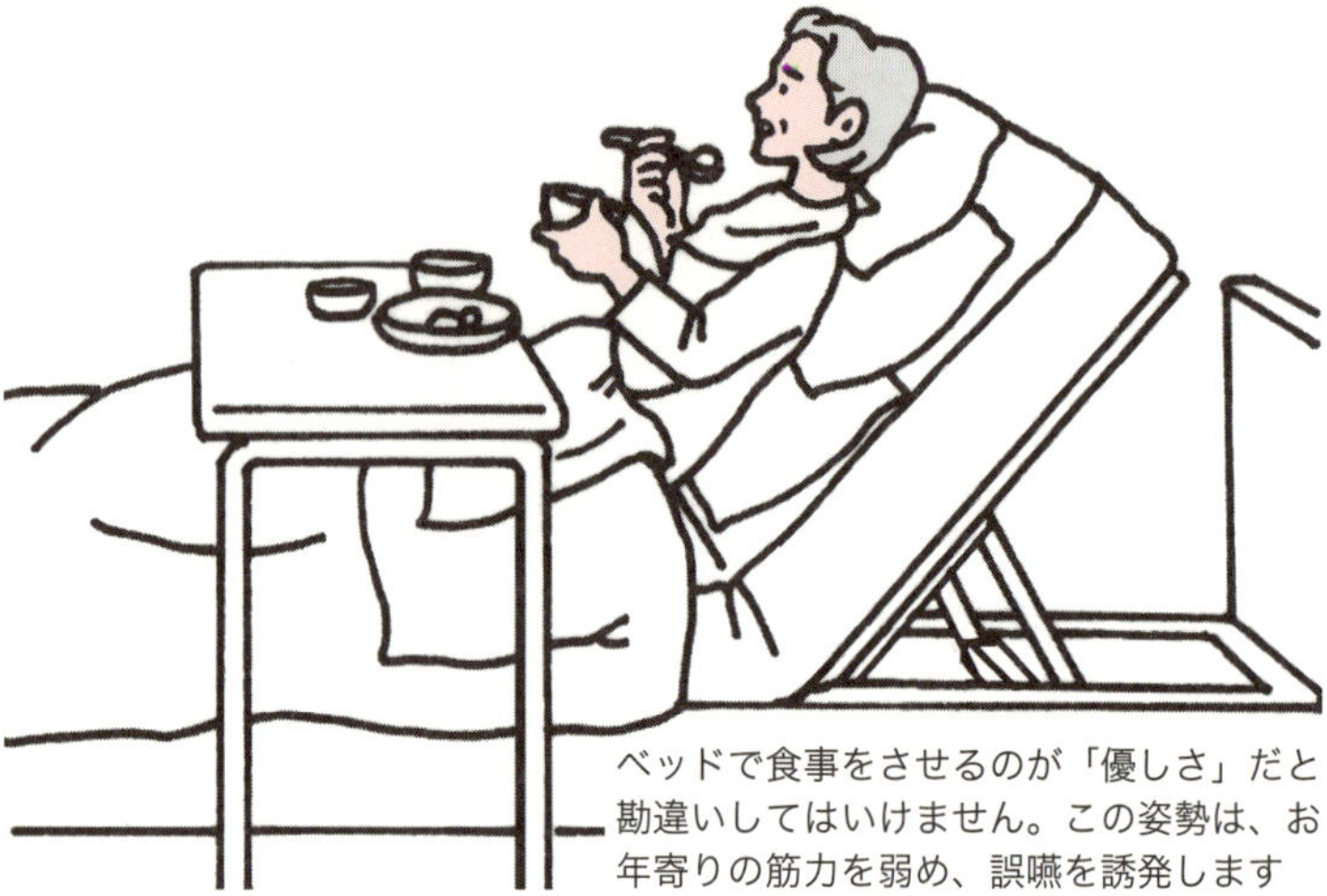

ベッドで食事をさせるのが「優しさ」だと勘違いしてはいけません。この姿勢は、お年寄りの筋力を弱め、誤嚥を誘発します

◇食事で最低限守りたいこと

椅子の正しい使い方の項目で、どのような姿勢で食事をすればいいかは述べました（Q24参照）。ここでは、食事で最低限守るべきことを紹介します。

まず、上のイラストのようにベッドで食事をさせるのは厳禁です。これで、のけぞり座りのくせがつきます。急性期の病院ではまだ行われていますが、**急性期から座って食事をさせてくれれば、要介護度が下がり、その後の介護はずっと楽になるはずです。**

離床できない場合でも、せめてサイドテーブルにしましょう（左頁の上のイラスト参照）。ベッドで端座位になれば、理想的な食事の姿勢に近づけます。

食べこぼし用エプロン（左頁の下のイラスト参照）は、安易に使ってはいけません。使う前に、どうしたら食べこぼさないかを考えるのが介護です。

離床できない人でもオーバーテーブルは使わず、せめてサイドテーブルを使うようにしましょう

後ろにのけぞった姿勢が直らないお年寄りに、食べこぼし用エプロンを使っている光景がよく見受けられます。これを使う前に、端座位で前かがみの姿勢になれる条件づくりを行ったのでしょうか。のけぞった姿勢で食べると、誤嚥しがちなので大変危険です。

食事のさせ方で施設の良し悪しを判断する場合、食べこぼし用エプロンの多用は、施設のレベルを見分けるバロメーターになります

食事介助は、横に並ぶのがベストです。テーブルの高さや姿勢がチェックできますし、お膳も同じ向きから見られます

◇正しい食事介助が行われているか

食事介助とは、食べ物をスプーンで口に入れることではありません。本人が口から食べるために、知恵を絞って工夫をすることです。食べさせてもらうとおいしさは半減しますし、認知症があれば食べさせようとするほど食べなくなります。

自分で食べてもらうためには、正しい姿勢に誘導する、食べやすい形態で出す、手が不自由であれば自助具を使う、などの工夫が必要です。

食事を口に入れてあげなければならない場合は、①前かがみの姿勢を保つ、②介護者はお年寄りの横（利き手側）に座る、③下から食べ物を口に運ぶ、の3つを守りましょう。こうすれば、お年寄りが自分で食べる姿を再現できます。

正面からの食事介助は、お年寄りが監視されているような気持ちになるのでおすすめできません。立ったままの食事介助も、上から食べ物が来るとのけぞって誤嚥を起こしやすくなりますし、機械的な作業のように見えるのでやめるべきです。

そのほか、食事で大切なことを書いておきましょう。まず、**自分で食べるのならどんな食べ方でもOKと考えることです。箸やスプーンが使えなくなったら、手づかみ食べを試してください。**ご飯類はおにぎりにして手に持たせ、おかず類も手づかみしやすい形状にするのです。

家族が食卓を囲むように、**施設であっても介護職がお年寄りと一緒に食べている現場は好感が持てます。**介護職が同じものを食べながら見守ると、別室で食べる倍の時間がかけられるのです。

自分で飲むほうがおいしい
自分でグビグビと飲むビールは
グビッ
グビッ
最高にウマイ!!
プハーッ
他人に飲ませてもらうビールは
いくよ? 大丈夫?
どう?
ゴク ゴク
味は同じでもどこか味気ないものです
ウマイな
そう?

Q
27

排泄ケアでその施設の良し悪しはわかりますか。

66歳の主婦です。同居していた姑《しゅうとめ》を一昨年在宅で看取り、今は69歳の夫と2人で仲よく暮らしています。

私たち夫婦は、子どもたちの世話になりたくありません。自分たちは10年近く在宅介護を経験しましたが、子どもたちには同じ苦労をさせたくないので、施設に入ろうと話し合っています。

施設選びの条件は、意識がある間はオムツにせず、トイレで排泄させてくれるところです。どうやって、そんな施設を探せばいいでしょうか。

A

団塊世代の方には、子どもに自分たちの介護をさせたくないと思っている人が多いですね。それはそれで、立派な考えだと思います。**相談者が心配なさっているように、ケアの質は排泄への対応ではっきり分かれます。**多くの施設で排泄表をつけていますが、「3日間排便がなければ下剤をかける」ための排泄表であってはなりません。下剤と下痢止めを交互に使って排泄コントロールを行うと、全員がオムツにされてしまいます。

一方、入所者一人ひとりの排泄サイクルをつかみ、事前にトイレへ誘導するために排泄表を使っている施設もあるのです。施設を見学するときは**「排泄表を見せてください」と頼み、それがどう使われているかを尋ねてみましょう。**尿意や便意の訴えがあれば、すぐにトイレに案内することを「排泄最優先の法則」と言います。そんな施設を選びましょう。

尿意や便意を訴えられないお年寄りでも、排泄表を見ながら
職員が随時トイレに誘導するとオムツを避けられます

◎後始末ではない排泄ケアを

意識がない人や脊椎《せきつい》損傷などで下半身の感覚がない人がオムツになるのは仕方ありませんが、それ以外の人はトイレで排泄してもらうのが、介護における最低限のルールです。**歩くことができない人でも、数十秒間つかまり立ちできれば車イスでトイレへ行って洋式便器に座ってもらうことができます。**急性期の病院で看護師にそれを期待するのは無理だとしても、**介護施設でそれをしないのは怠慢以外の何物でもありません。**

排泄ケアとはオムツを交換することではなく、トイレで排泄してもらうことです。オムツ交換は「後始末」であって、介護ではありません。

相談者の場合、「意識がある間はオムツにしないで、トイレで排泄させてほしい」と伝え、「そ

朝食後すぐにトイレに誘導してしばらく便器に座ってもらうことが、自然なお通じを実現させる効果的な方法です

うします」と請け負ってくれる施設を選ぶといいでしょう。しかし、入所が長くなると職員は入れ替わります。どんなにいいケアをしている施設でも、意識の高い職員が2〜3人抜けるだけでダメな施設に変貌するものです。そのうえ経営者や施設長が「効率優先」の人物に交替したりすると、ケアの劣化に歯止めがかからなくなります。

本人が主張できる間はいいのですが、認知症や老衰になるとそれも困難です。相談者の場合、そういうときに子どもに登場してもらいましょう。**「母は（父は）、意識がある間はオムツにしてほしくないと言っていました。トイレで排泄する介護を要求します」と告げてもらうのです。**場合によっては、施設を移してもらいましょう。在宅介護をしなくても、施設に本人の思いを伝えるだけで、子どもは立派な主介護者になります。

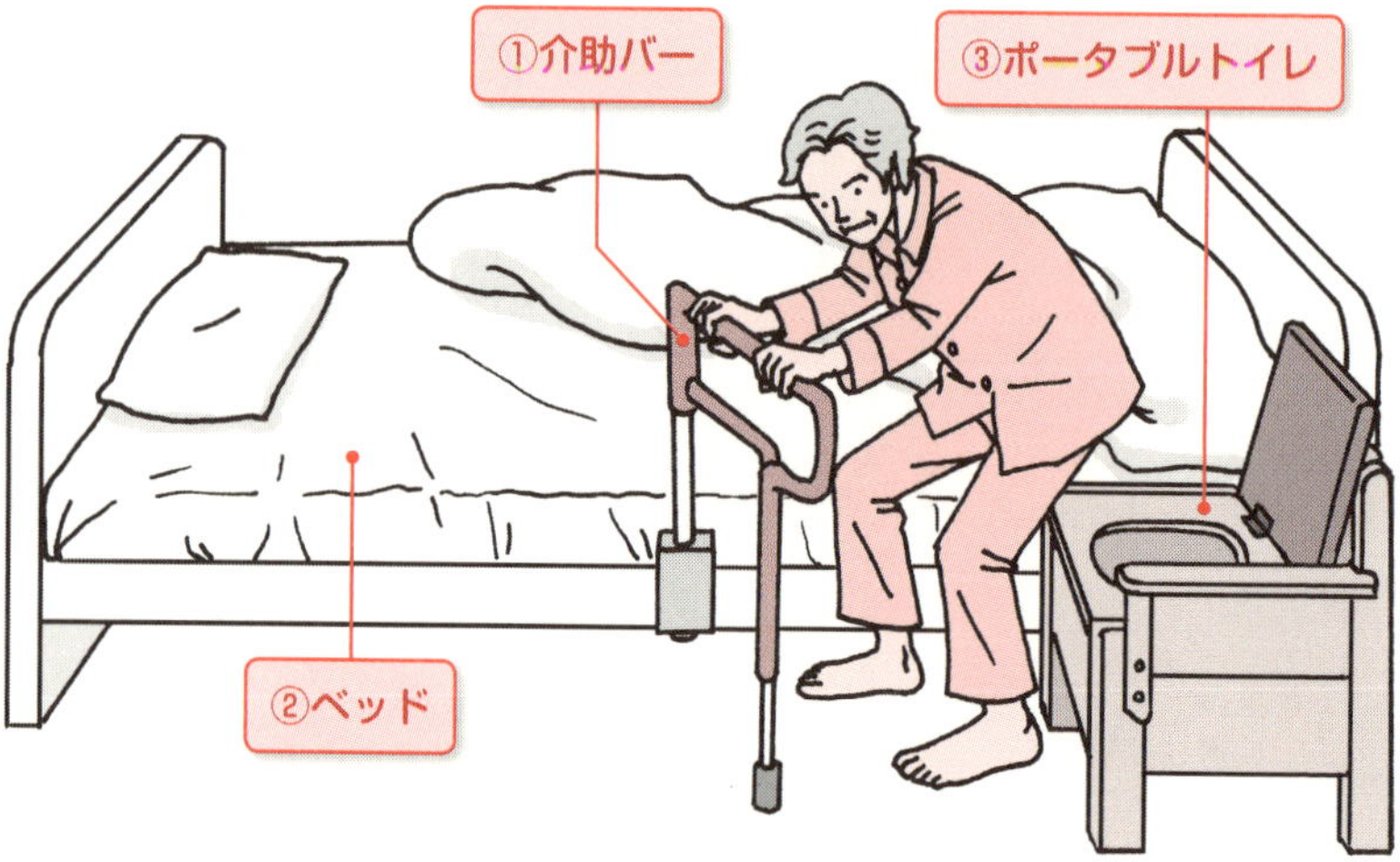

ポータブルトイレは、部屋の隅に置いてはいけません。
ベッドサイドに置いておけるよう、家具調のものを選びましょう

◇ポータブルトイレも活用しよう

オムツを避けるためには、ポータブルトイレも活用しましょう。ポータブルトイレに抵抗感がある人もいるようですが、オムツをするくらいならポータブルトイレのほうがよほどましです。

介護で使うポータブルトイレは、トイレまで行けない人だけのものではありません。座位バランスが悪い人のためのものでもあります。椅子に座ったときに体のバランスがうまくとれない人は、洋式便器に座るのも不安なものですが、背もたれやひじかけの付いた椅子型のポータブルトイレなら安心です。排泄に時間がかかるお年寄りでも、便座シートにウレタンフォームが入っているクッション性の高いポータブルトイレであれば、長時間座っていることができます。

介護用のポータブルトイレを選ぶのなら、ひじかけを外せるタイプを選ぶべきです。右頁のイラストのように、ベッドにポータブルトイレをくっつけて置き、ベッド側のひじかけを取り外してください。脚の力が弱ったお年寄りでも、ベッドからポータブルトイレに移乗できます。

右頁のイラストに描かれた、①介助バー、②高さを調節したベッド、③ポータブルトイレは、「オムツを外す3点セット」と呼ばれ、施設で活用されるや、みるみるオムツが外れていったという優れものです。この3点さえあれば、立てる力がなくても起き上がって端座位になれるお年寄りなら、ポータブルトイレに移乗することができます。

台型は立てない

台型のポータブルトイレ
通販でいいもの買ったわ
ひじかけ付きよ
いいでしょ
あれ？立てない
力が入らないぞ
椅子型のポ-タブルトイレ
台型は足が引けなくて立てなかったので買い直しました
お、立てた
ここのすき間が大切みたい

Q 28

お風呂の構造と入れ方でその施設の良し悪しはわかりますか。

61歳の主婦です。私の父親（84歳、要介護4）は、1年前に脳梗塞で倒れ、一命はとりとめましたが左半身マヒになりました。現在は、救急病院を退院して療養病床に入所中です。そこには埋めこみ式の大浴場がありますが、父親は入れません。ストレッチャーに乗せられ、寝たまま機械浴でお風呂に入れられています。ところが最近、重度のマヒがある人でも、ふつうのお風呂に入れるのだという話を聞きました。風呂好きの父親だったので、是非その方法を知りたいと思います。

A

お風呂を見ればその施設が旧態依然とした介護をしているか、生理学にかなった方法を学んでいるかを知ることができます。

介護施設を見学すると、ストレッチャー浴やリフト浴などの機械浴（特殊浴槽）を自慢そうに見せるところがありますが、こういう施設は介護がわかっていない施設です。かつての介護施設には、高価な機械浴を備えていることを誇る風潮がありました。

　ストレッチャーに乗せられた入浴は、怖いし恥ずかしさを感じさせる入浴です。「こんなことをしなければ入浴できない体になった」と情けなく思う気持ちも湧いてきます。その後、**小規模なデイサービスや民家を使った宅老所で、「寝たきりに近いお年寄りでも、大半が家庭用の浴槽で入浴できる」ことが実践で示され、介護施設でも機械浴を使わず1対1の個浴で入浴ケアを行うところが現れたのはいい傾向でした。**

バリアフリーを誤解した埋めこみ式の大浴槽が、必要のない人まで機械浴にさせた原因です

◇埋めこみ式浴槽が諸悪の根源

１９７０年代、１９８０年代の特養は、機械浴の全盛期でした。これはふつうのお風呂に入れない人のためのものですが、当時はふつうのお風呂が間違っていたのです。

その頃特養で一般浴と呼ばれていたふつうのお風呂は、プールのように広く、床に埋めこまれていました。**これはバリアフリーという言葉を誤解したことから、段差をまたがないですむようにとわざわざ掘り下げていたのです。**

浴槽が広いとつかまる場所がないので溺《おぼ》れそうになりますし、掘り下げてあると浴槽から出たあと立ち上がらなければなりません。出入りしやすいようにと、階段や車イスで入れるスロープを付けましたが、階段の昇降ができるような人は特養

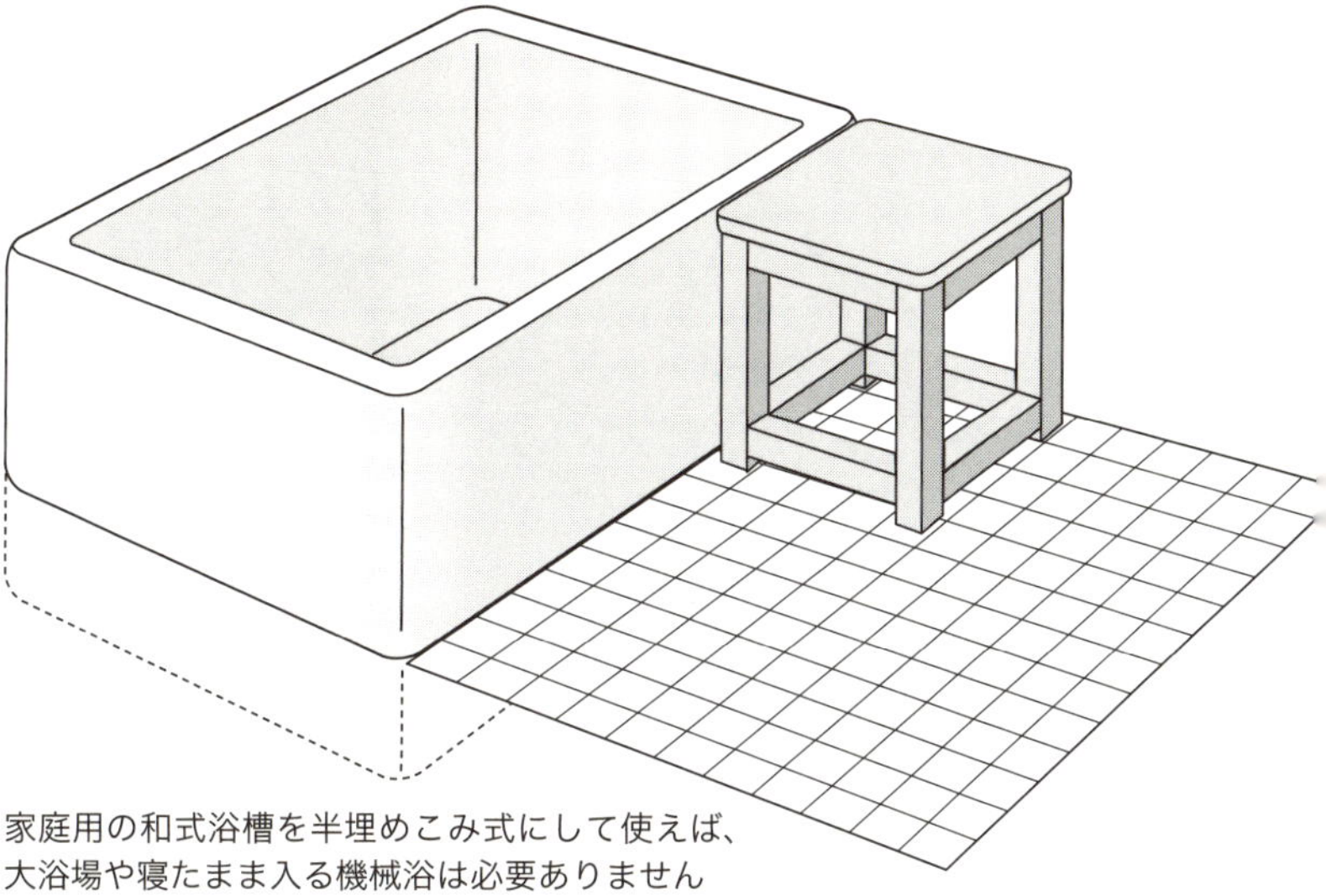

家庭用の和式浴槽を半埋めこみ式にして使えば、
大浴場や寝たまま入る機械浴は必要ありません

にはめったにいませんでした。

そのため、自分の家ではお風呂に入れていたお年寄りが、特養に入所するとお風呂に入れなくなるという奇妙な事態が続出しました。こういう人々は「入浴が自立していない人」に分類されて、機械浴へと回されていたのです。

高価な機械浴など使わなくても、**一般の家庭にあるのと同じ浴槽を半埋めこみ式（床から40㎝の高さになるように、20㎝程度埋めこむ）に設置して、その横に浴槽と同じ40㎝の洗い台を置くだけで十分な設備が完成します。**浴槽をまたがず、洗い台に座って片脚ずつ浴槽に入れれば、立てない人や歩けない人でもお風呂に入れるのです。寝たまま入る機械浴は介助者が2人必要ですが、個浴だと1対1の介助ですみます。この方式を知らない介護施設は、時代遅れの施設です。

小さな浴槽を使っても、後ろから引っぱり上げたのではリフトと変わりません。浮力を上手に使いましょう

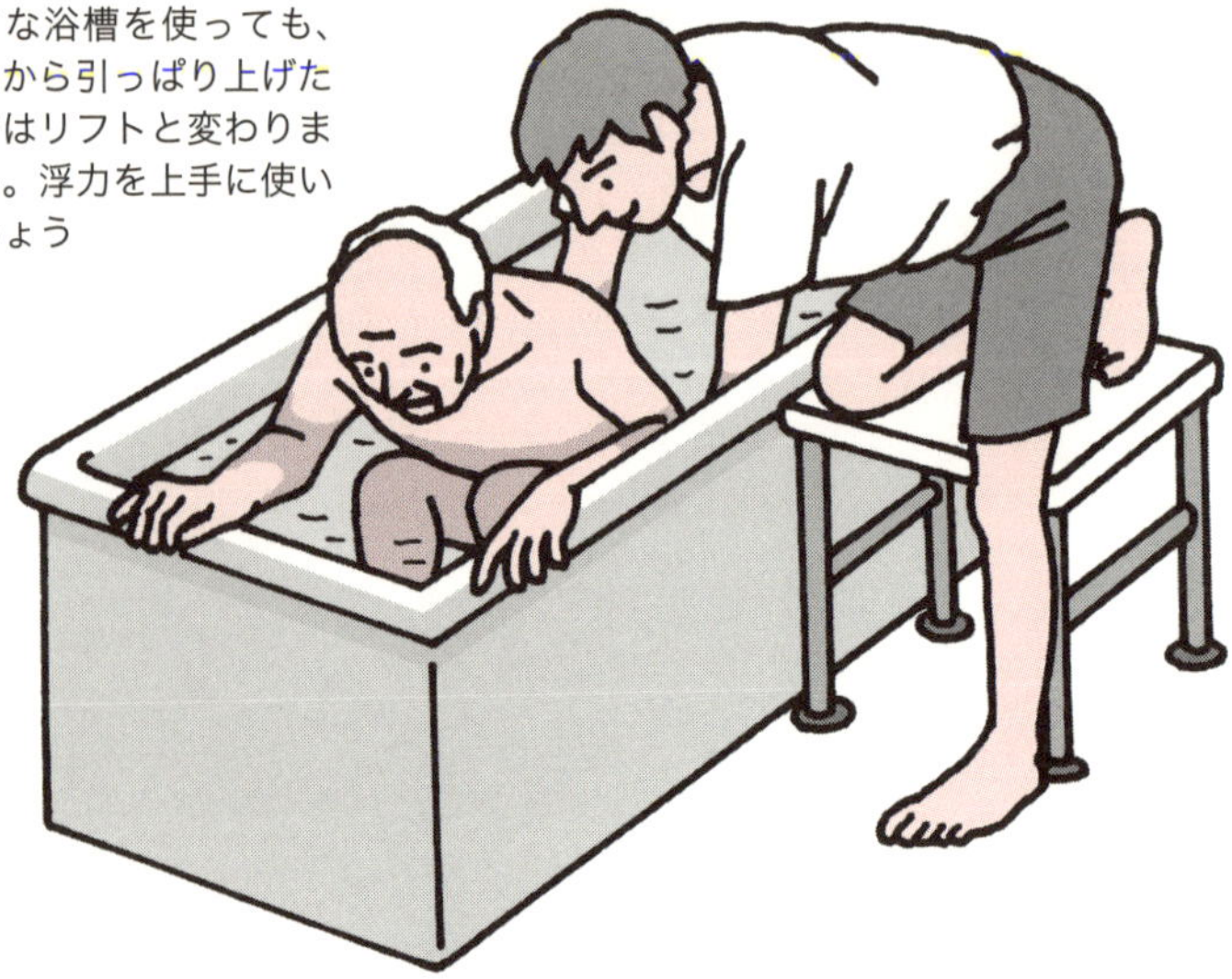

◇流れ作業ではない入浴介助を

狭い家庭用浴槽を使うと、浴槽がお年寄りの体を支えてくれます。片脚ずつお湯に入るときにマヒした脚を支えたり、バランスを整えたりするのが介護者の役目です。

お湯から出るときは片方の手を伸ばして浴槽のふちを持ち、片脚を引いて頭を前に出してもらうと浮力でお尻が上がります。お尻が十分浮いたら、介護者はお年寄りのお尻を両手ではさみ、洗い台へ誘導するのです。**こうした生理学的な動きを応用した入浴介助を行わなければなりません。**

機械浴に頼っている施設の多くは、分業による流れ作業のような入浴介助を行っています。ストレッチャーで居室から脱衣所まで運んでくる人、服を脱がせる人、体を洗う人、服を着せる人と、

役割が分担されているのです。これでは、入浴ケアと呼べません。お年寄りが入浴を楽しめないだけでなく、入浴介助をしている介護職も楽しくないはずです。**ふつうの生活とかけ離れた入浴法を行うことは、認知症のお年寄りを「不穏」※へと追いこむ原因になります。**

介護施設を選ぶのであれば、ふつうのお風呂に1対1で入れてくれるところを選びたいものです。一人の介護職が、お年寄りを浴室へ連れて行く→脱衣する→入浴介助を行う→体をふいて着衣する→居室へ戻る、の全部を行えば、一緒にいられる時間が長くなって、ゆっくり会話が楽しめます。探せばそんな施設は、たくさん見つかるはずです。

人の名前が出る入浴介助を
機械的な入浴介助は
午後4時までに10人をお風呂に入れないと
ふう
人の名前より
6人目!
あと4人!
数字が出てきます
いい入浴介助は
よし次は三好さんをお風呂に入れよう
ふう
人の名前が出て
三好さんは熱めのお湯がいいのよね
そうそう
会話があふれます

※穏やかでないこと。感情が不安定な状態

Q29

見学が自由にできるかどうかでその施設の良し悪しはわかりますか。

都市部に住む50歳手前の会社員（男性）です。先日帰省したときに、親の地元の介護施設を回りました。実家の近くに嫁いでいる妹から、両親が老老介護になりつつあるので、施設入所を検討したいと言ってきたからです。

ところが、いくつかの施設で見学を断られました。突然申しこんだ私も悪いのですが、入所を前提としない「ふらりとした見学」は受け付けていないと言うのです。見学を断る施設について、どう考えればいいのでしょうか。

A

介護施設の良し悪しは、見学の申しこみに対する対応の違いでも見分けられます。「いい介護」というのは、「オープンな介護」とほぼ同義語です。自信のある、またはやましいところのない施設は見学に対して警戒心を抱きませんが、そうでない施設は見学の申しこみに対して異常なほどの警戒心を抱きます。

相談者は、いきなり訪ねて行ったのではなく、一応電話で申しこんだはずです。その際、「今日、これから」では相手も戸惑います。帰省の計画を立てられたときから、どことどこを見学したいかプランをつくって、電話で予定を埋めていくべきでした。

相談者のように地元にご両親がいて、やがて入所するかもしれない施設を見比べたいと考えている息子さんの見学を断る施設は、珍しいと思います。

問題は、「ふらりとした見学」への対応です。

満室であれば見学を断る施設、利益に結びつかない訪問者は断る施設があります。そこは見る価値がない施設です

◇見学を断る施設は問題外

相談者のご両親は、介護保険サービスを利用しているのですか。もし利用しているのであれば、担当のケアマネジャーに相談して、見学するといい入所施設のリストをつくってもらってもよかったですね。もし親のことは伏せて、入所を前提としない見学をしたいということであれば、「参考にしたいから」とご自身で電話をかけて申しこむしかありません。

この電話申しこみで門前払いされるようなら、リストから外してもいいでしょう。**「うちは見学者を受け入れていません」と言われたら、見る価値がない施設だと思いましょう。**

よくある断り文句は「入所者のプライバシーを守るため」というものです。その施設が公的資金

入所者のプライバシーは見学を断る理由になりません。外から来た人に会うのは入所者の権利ですし、外部と遮断するほうが問題です

を使っていないのであればそういう断り方もできるでしょうが、介護保険をはじめ保険料や税金が投入されている施設は、国民に見る権利がありま す。入所者のプライバシーを守りながら、外部にもオープンである方法を考えてくれないようでは、税金を使わせるわけにはいきません。

いちばんいいのは、「いつでもどうぞ」と言える施設です。しかし、都合でどうしても日時を制限しなければならない事情があるとします。そんなとき、**見学が可能な日時であれば自由に施設の中を歩かせてくれるのがいい施設です。**

そういう施設は、「自由に見てください」。質問があれば、入所者にどうぞ」と言います。入所者に聞くと「ここは飯も食わせてくれない」と言われて誤解することもあるでしょう。誤解を覚悟するくらいでなければ、理解もされません。

◇見学コースがある施設は要注意

施設を見学させてくれても、職員がぴったりはり付いて案内してくれるのは、ありがたい反面、何か不自然です。どうしても、見せたくないところがあるのではないかと疑いたくなります。

施設を街にたとえるとすれば、居室は住宅で廊下は道路です。「道路を歩いているときは通行人に挨拶し、住宅に入るときは必ずノックする」といった常識的なマナーを守れる人であれば、施設内を自由に歩けなければなりません。

施設によっては、見学コースを設けているところがあります。それが極端になると、見学できる居室まで決めてあって、そこには頭がはっきりして受け答えもできる入所者を入れておくのです。もちろん、その「モデルルーム」には、私物がほどよく配置され、いつも掃除が行き届いていることは言うまでもありません。

別の大型施設は4階建ての立派な建物で

すが、来客用のエレベーターは4階には止まりません。見学はエレベーターでフロアを移動しながら行われますが、認知症のフロアである4階は、外部の人に見せないのです。以前働いていた人に聞くと、そこでは日常的に身体拘束が行われているそうです。

本書では、「いい介護＝オープンな介護」であることをくり返し伝えたつもりです。**お年寄りに認知症があればなおさら、個室に閉じこめるのではなく、周囲や世間との風通しをよくしなければなりません。**次のQ30「開かれた施設であるかどうか」と併せて、みなさんは是非、見学で施設の良し悪しを見極める目を養っていただきたいと思います。

オープンな施設が安心
ご自由に見学してください 質問は入所者にどうぞ
ありがとうございます
ご飯はおいしいですか？
ええ
ここはひどいぞ！飯も食わせてくれん！
認知症…なんだろうね
本当にオープンなのね
ワシだけいつものけ者に！

Q30

開かれた施設はいい施設だというのは本当ですか。

40代の主婦です。私たち一家が住んでいるエリア内に、2軒のグループホームがあります。経営母体が違うせいか、まったく雰囲気の異なるグループホームです。

1軒は人の出入りが多く、職員と入居者がよく外出します。それだけならいいのですが、時々入居者が徘徊して大騒ぎになるのです。防災無線で行方不明のお知らせがあったり、徘徊常習者のチラシが回ってきたりします。もう一方のグループホームはひっそりとして、静かです。どちらがいい施設なのでしょうか。

A

相談者が入居するとしたら、どちらのグループホームに入りたいですか。前者のほうに入りたいのではないでしょうか。

多くのお年寄りは、最後まで自宅で暮らしたいと思っていますし、できれば介護施設には入りたくないと思っています。それは、施設が「もう家には帰れないところ」「閉じこめられてしまうところ」「外にも出してもらえないところ」だと思っているからです。

相談者の近所のグループホームで考えてみましょう。前者は、閉じこめない施設です。後者は、断定はできないものの閉じこめる施設である可能性があります。食事や排泄や入浴のケアはどちらが優れているかわかりませんが、**「徘徊常習者のチラシが回ってくる」などというのは開かれた施設である証拠ですし、開かれた施設はいい施設である確率が高いのです。**

一度、前者を見学に行かれたらどうでしょう。

◇いろいろな人が訪ねて来ること

通所施設や入所施設は、在宅よりも多くの人と交流を持つ機会に恵まれますが、そこで閉じこもってしまったら進歩はありません。施設は、常に開かれた環境にすることが大切です。

いい施設は人の出入りが多く、地域社会に向けて開かれています。そんな施設は、静まり返っていたりしません

いい施設には、いろいろな人が訪ねて来ます。入所者に面会に来る家族、お手伝いに来るボランティア、入所希望の見学者、介護の研修に来る学生、遊びに来る近所の幼稚園児や社会科見学に来る小学生、マスコミの取材など、いろいろな人が出入りする施設でありたいものです。

外からたびたび人が来る施設では、入所者がそれに慣れていて、よく挨拶してくれます。なかには案内役を買って出るお年寄り（認知症の深い人であったりする）もいるものです。

日々の散歩や季節の行楽など、なるべく外へ出かけましょう。お祭りへの参加も、地域に根付いた施設としての大切な役目です

◇お出かけを楽しんでいること

いい施設であるための条件として「入所者一人当たりの床面積が広い」ことをあげる人がいます。しかし、**大切なのはお年寄りの生活空間の広さであって、床面積の広さではありません。**いくら床面積が広い施設であっても、お年寄りが外へ出られないのでは、生活とは呼べないからです。

床面積は狭くても温泉旅行に何回も行っていればそのほうがはるかにいい施設ですし、施設内に喫茶店をつくるよりも街の喫茶店に出かけるほうがいいケアになります。施設内で音楽療法をやるよりも、カラオケに行って一杯やるほうがお年寄りは元気になるのです。

どんなにいいケアをしても、施設の中にお年寄りを閉じこめてはいけません。

Q31

施設の良し悪しを見るときにいちばん大切なポイントは何ですか。

30代半ばの主婦です。私の子ども（小学6年生）が通う小学校が、別の校区の小学校と統合されました。新しい校舎には、図書館と幼稚園と特別養護老人ホームが併設されています。

それ以降、小学校へ行くたびに特養のお年寄りを見る機会が増え、介護施設への関心が芽生えました。子どもの手が離れたら、パートに行こうかと考えています。そこで教えてほしいのですが、施設の良し悪しを見るときにいちばん大切なポイントは何ですか。